JN033613

対話から始める
脱！強度行動障害

日詰正文・吉川 徹・樋端佑樹＝編

日本評論社

まえがき

　今，この本を手にとっていただいているということは，それぞれの現場で「強度行動障害」に何らかの形でかかわっている方か，この分野に何らかの関心を寄せている方に違いない。それぞれの持ち場で「脱！強度行動障害」という困難な課題に取り組んでくださっている大切な同志である。

　わが国において「強度行動障害」は長らく入所施設中心の問題と考えられてきた。しかし，もはや施設や病院に障害者を集めるという時代ではなく，政策的にも地域移行が進められている。その流れのなかでかえって閉鎖的で密室的になってしまった家庭や地域や施設，病院などで個々に孤立し行き詰まる事例などが発覚することで，あらためてその存在が注目されてきているように思う。とくに2016年の相模原障害者施設殺傷事件は多くのことを社会に問いかけた。われわれはその問いを自分ごととして受け止められているだろうか？

　「強度行動障害」というのは医学的診断名ではなく，多くは知的障害と自閉症をもつ個人と環境との間で起こる状態像である。実態調査をし，予算をつけ対策するための行政用語である。これまでさまざまな方の尽力で，それは決して固定した状態などではなく，本人と周囲の双方が幸せになれる方法があることがわかってきた。

　大事なことは彼らをがっかりさせず，世界はまんざらでもないと思ってもらうことだ。少数派である彼らは人権侵害を受けやすい。対等に接し，きちんと表出を受け止め，理解できる形で伝えて，周囲の人との対話を重ねられるように，そして自分自身との対話もできるように，環境を整え，やりとりの仕方を伝えることが必須になってくる。支援チームのなかでも，社会との間でも風通しよく対話を重ねながら取り組まなければ難しい。

　ご存知のように医療，教育，福祉，行政の各分野それぞれの現場では着実

に取り組みが進んでいる。福祉領域では強度行動障害支援者養成研修が標準
化され，医療分野でも強度行動障害医療研究会が発足した。総論的な本や，
技法などについての優れた本がここ数年でも各種出版されている。特別支援
学校も10年前とは違う景色であり，新たに強度行動障害となる方は減ってき
ているという実感はある。ドキュメンタリー映画『道草』で紹介されたよう
に，自立生活運動の広がりのなかで，重度の知的障害であってもパーソナル
サポートを受けながら地域で暮らす人も出てきている。

　しかし第一線の現場では，家族や施設で孤立し，苦しい状況に日々格闘し
ながらも，見通しをもてず，どこから手をつけていいのかわからず困り果て
ている方も多いと思われる。医療，教育，福祉，行政をまたいだ対話がうま
くいっていない地域も多いかもしれない。そんななか，コロナ禍は大変な事
態ではあったが，オンラインの場での対話が盛んになり，全国的なつながり
が増えたのは僥倖であった。

　本書もコロナ禍の副産物といえるかもしれない。リモートで対話を重ねる
なかで，ライフサイクルの視点も入れて，これからの強度行動障害支援のあ
り方の羅針盤になるような本をつくろうと企画された。思春期以前，思春期
〜青年期，成人期〜高齢期と3つのパートに分け，この分野の歴史を体現す
るレジェンドの先生方から，知る人ぞ知る匠の実践をされている方までさま
ざまな立場の方に広く執筆していただき，座談会も収録した。まず私自身が
読みたかった本であり，過去の自分に贈りたい内容となっている。

　執筆者のみなさまのご協力で，今まさに最前線でもがいている家族や支援
者に勇気を与えるこれまでにない本になったと自負している。この本が全国
の同志とつながりを深め，それぞれの現場で実践を続けつつ，対話が広がる
きっかけになれば編者としてこれ以上の喜びはない。

編者を代表して　樋端佑樹

目　次

付記：本書では，自閉症／ASD等，診断名の表記は著者ごとにさまざまであるが，それぞれのこだわりもあり，「強度行動障害」以外はあえて統一しなかった。この時代を反映するものとしてご理解いただきたい。

思春期以前

第1章

強度行動障害の背景にあるもの，予防のための工夫

吉川　徹

愛知県尾張福祉相談センター

強度行動障害の背景

　現在，強度行動障害と呼ばれるような行動がみられている人たちは，生まれつき強度行動障害であったわけではないし，ある日突然，強度行動障害となったわけでもない。

　手をつなぐ育成会による調査[1]では，強度行動障害に関連するスコアは，幼児期からみられているものの，小学校高学年から中高生の年代において最も上昇し，困難をともなうことが報告されている。

　こうした研究結果は，長じた後に強度行動障害がみられる人たちにおいて，生まれもったものの見方，感じ方，たどりやすい考えの道筋などの特性があり，その特性をもっているがゆえに経験しやすい出来事や環境による影響を受けながら成長することによって，その困難がより強まっているという見方と矛盾しない。

　つまり強度行動障害を生まれつきのものだと見る考え方も，経験や環境によって生じるいわゆる「二次障害」であると見る考え方も，いずれも一面的にすぎるのである。それは特性と環境の相互作用の結果として育ってくるものだと考えることが現実的であり，そうすることで予防や対処の道筋が見えやすくなるのである。

自閉スペクトラム症と強度行動障害

　この後，本書でも繰り返し述べられていくように，強度行動障害の背景には，自閉スペクトラム症の特性が存在することが多い。現在最もよく用いられている診断基準である米国精神医学会によるDSM-5[2]では，診断につながる自閉スペクトラム症の特性は，社会的コミュニケーションの困難と，常同的反復的行動の2つに整理されている。こうした特性のさらに根っこのところに何があるかということに関しては，さまざまな仮説が提唱されているが，筆者は以下の3つからなるものであると説明している。

　　①人づきあいが行動の動機になりにくいこと
　　②好きなものが増えにくいこと
　　③嫌いなものが増えやすいこと

　これらは，いずれも強度行動障害と呼ばれる行動が定着するときに，強くかかわってくることになる。

　①は自閉スペクトラム症の社会的動機づけ仮説[3]と呼ばれるものであるが，近年，それを支持する研究結果が増えてきている。誰かと一緒に活動したいとか，誰かの期待に応えたい，誰かから高く評価されたいといった，人づきあいを背景とした行動の動機づけが弱いのだ。

　②はいわゆる興味，関心の偏りと呼ばれるものであるが，精神病理学者である内海のいうところの「理念形成の困難」[4]も強く影響していると考えられる。ただでさえ好きなものが増えにくい性質をもっているうえに，抽象的な理念の獲得が難しく，「これ，好きだな」とは思えても，「こういうの，好きだな」というふうになかなか広がっていかないのである。これは，類似点よりも差異に目が向きやすい特性ともいえるかもしれない。

　井上ら[5]は，興奮性とともに常同性の高さが強度行動障害の得点の高さと関係していると報告している。乳幼児期より常同的反復的行動の特性が強くみられる子どもは特にリスクが高いと考えてかかわっていく必要がある。

③は彼らの記憶の特性によるところが大きい。一般に自閉スペクトラム症のある人は記憶力がよいことが多いが，それはカタログ的な記憶にとどまらず，エピソード的な記憶でもみられる。世界中の国旗を片っ端から憶えてしまうだけではなく，出来事もなかなか忘れない，忘れられないのだ。さらにタイムスリップ現象とも呼ばれるように，かなり以前の出来事でもついさっきの出来事であるかのように思い出されるということがある。やはり精神病理学者である内藤[6]はこれを心的時間移動における特性と表現しているが，このために彼らの「嫌い」はなかなか薄れていくことがなく，長期間続いてしまいやすいのだ。

　こうした障害の特性や，さらにその根っこにある背景はいずれも強度行動障害の出現や持続にかかわっている。このため自閉スペクトラム症については，早期にその特性に気づき，こじれていくことを予防するような働きかけが行われることがとても重要となる。乳幼児期から学齢期の早期のライフステージは，こうした気づきと予防的な対応のために大切な時期となる。

自閉スペクトラム症以外の強度行動障害

　もちろん，強度行動障害となる人の全員が自閉スペクトラム症であるわけではない。自閉スペクトラム症ではない人にみられる強度行動障害は，多くの場合，人に対する興味や関心が強いこと，人とかかわらない活動を楽しむのが難しいこと，人の感情や意図を大きく動かしたいという気持ちが強くなりすぎることなどが背景となっている。これはある意味で，自閉スペクトラム症の場合とは逆であるともいえるのだが，こうした人にみられる困難は，むしろさまざまなパーソナリティ障害と呼ばれる人たちの生きづらさや対応の難しさと重なるようにも思われる。

強度行動障害にみられるパターンとその予防

　上述したように，強度行動障害の出現には生得的な要因が強くかかわって

いるが，それだけでその行動パターンが定着するわけではないことも，また確かであるように思われる。残念ながら，強度行動障害の予防という観点からは学問的蓄積はまだ十分とはいえず，根拠のある対応方針を示すことは難しい。ここでは筆者が経験してきた事例などを通じて見えてきたパターンを整理し，それぞれについての予防的な戦略について，私見を述べてみたい。

（1）嫌悪的記憶の蓄積（感覚の敏感さ）

　強度行動障害が定着する1つの典型的なパターンは，「嫌いなものごと」についての記憶が積み重なりすぎてしまうことである。「嫌いなものごと」に触れたときに，激しい興奮やそれにともなう他害，自傷がみられることがある。また，それを思い起こさせるような刺激に触れただけで同じような反応が起こってしまうこともある。

　これを考えるときに重要なのが，とくに自閉スペクトラム症の人たちにみられる感覚の過敏性である。感覚の刺激による嫌な記憶の蓄積が，嫌いな物，場所，活動，人などが増えていくことにつながっている事例は多い。

　では，どうやってこれを防いでいけばよいのだろうか。1つには，早期にその感覚の特性に周囲が気づくこと，そして過剰な刺激を避けていくことが基本となる。馴らすという方針が採用されることもあるが，自閉スペクトラム症のある人では感覚の馴れが生じにくいという研究[7]がいくつか出てきており，馴らすための努力がかえって反応を敏感にしていることも多いので，その方向で行くなら極めて慎重に反応を見ながら進める必要がある。

（2）動機の不十分な活動

　動機が不十分な状況で，行動を促される，強制される経験は嫌悪的な記憶となりやすい。お母さんの真似が大好きで，お母さんを喜ばせたいと思っている子どもに，歯磨きを「快」として体験させるのは難しくないが，社会的動機づけに対する反応が乏しい子どもにとっては，同じ歯磨きがしばしば「不快」な経験となる。感覚の過敏性があればなおさらである。

　さらに，記憶力がよい，逆にいえば忘れることが苦手な子どもの場合，こ

うした記憶は薄れるより早く積み上がっていってしまうのだ。

　とくに人とかかわる活動や人がたくさんいる場所に対する嫌な記憶が積み重なると，将来の暮らしの選択肢はかなり限られることになってしまう。

　こうした状況に陥らないためには，何かの活動に取り組むときに，その活動に対して十分な動機，やる気があるかを確認しながら進めること，また活動した後でそれがいくらかでも好きになってきていることを確かめながら進んでいくことが，手堅い方針となる。歯磨きはだんだん好きになっているのか，少なくとも嫌いになっていないのか，運動会に参加した後，いくらかでも運動会が好きになったのか，こうした判断につながる手掛かりをできるだけ集めていけるとよいだろう。

（３）命令と強制（力を使うこと）

　人づきあいが行動の理由になりにくい子どもを育てていると，どうしても何かを命令したり，強制したりする機会が増えてしまう。お母さんの真似をして自分から歯磨きをしようと思わない子どもには，歯磨きを「やらせたく」なってしまうのだ。生活や学習のさまざまな場面でこうした強制や命令が顔を出すことになる。そしてそのなかの一部は有形力，つまりは腕力をともなうものとなる。

　朝の会の途中で立ち上がろうとしたら肩を押さえて座らされる，滑り台を滑ろうとしたら手を引っ張って引き離される……などなど。

　こうした経験から子どもたちは，「力の強い者は，力の弱い者の行動を変えてもよい」ということを学んでしまう。人づきあいに関する感度の高い子どもであれば，ひょっとすると大人と子どもの立場の違いなどを考えに入れたうえで，その体験を理解していけるかもしれない。けれどもそうしたことを理解することが難しい子どもにとっては，力の強い者に強制されただけの体験となってしまうのだ。

　では，どうすればよいのか。もちろん子育てのなかでまったく強制力を使わないというのは現実的ではない。安全や健康を損なうような場面では，力を使って行動を変えることも必要である。だがそうではない場面では，行動

を変えるためにできるだけ力を使わないことが，無難な進め方となる。繰り返し登場している歯磨きというのは，そのちょうど境目くらいにある活動だともいえるだろう。

（4）人で遊ぶ

　周囲に強い影響を与える強度行動障害の1つのパターンは，「人で遊ぶ」活動が定着してしまうことである。相手の気持ちはお構いなしに，髪の毛をなで続ける，同じ場所に座らせ続ける，お店屋さんごっこの同じ役割を繰り返しやらせる，などである。回数が少なければ耐えられるが，ずっと繰り返されるようだとかかわる人が疲れてしまう。

　「人と遊ぶ」ことと「人で遊ぶ」ことは，似ているけれど，違うものである。人と遊ぶときにはもちろん自分も楽しいが，相手を楽しませる，相手も楽しんでいるということが要素として含まれている。「人で遊ぶ」ときにはそれが欠けてしまう。

　このパターンが定着することを避けるためには，大人が不快な遊びはちゃんと断る，逃げるということを続けることである。とくに自閉スペクトラム症の子どもの場合，他者に関心を向け始める時期が遅いため，「人で遊ぶ」活動が始まったとき，ついつい周囲がそれを受け入れてしまう。これが定着するとのちの行動障害につながってしまうため，受け入れ続けることは避けたほうがよい。

　とはいえ「人と遊ぶ」こと，つまりは相手を楽しませるということをすべての子どもに学んでもらうのはなかなか難しいことでもある。

　このため，まず目標にするのは，遊びを求める要求のコミュニケーションを身につけること，そして断られたときに（できれば穏やかに）引き下がれることである。「こちょこちょ」でも「せっせっせ」でも「高い高い」でも，子どもからそれを求めて，受け入れられて楽しく一緒に遊ぶというやりとりのパターンを少しでも増やしていくというのは，かなり優先順位の高い課題ともなる。また，このコミュニケーションのパターンは将来の健全な性的活動を準備する土台ともなるのだ。

（5）行動レパートリーの不足（退屈に著しく弱い）

　好きなものが増えにくい子どもは退屈に弱くなる。退屈を紛らわしてくれる活動が，どうしても足りなくなってしまうのだ。ここに注意欠如多動症（ADHD）の「待てない」という特性が加わると，ますます退屈に弱い状況が生まれてくる。

　こうなると，退屈を紛らわしてくれる数少ない活動が，何度も繰り返されることとなる。あるいは退屈に耐えられなくなったときに，子どもたちが自分で開発する退屈しのぎは，残念ながら多くの場合，大人から見ると都合の悪いものとなる。

　同じ遊びの繰り返しが不都合なまでに多くなる，質の悪い退屈しのぎがやめられないという状況の背景にあるのは，質の良い退屈しのぎの不足なのだ。

　さらに，限られた退屈しのぎしかない場合，それを制止されたときには，何がなんでもそれをやりたいという気持ちが強くなる。ときには力づくでもやり通そうとしてしまう。

　こうした状況に陥らないようにするためには，先回りして，筋の良い退屈しのぎをたくさん用意しておくことが必要である。できれば共同開発の形で，一人でできる退屈しのぎと誰かと一緒に楽しめる退屈しのぎをたくさん開発しておく。1つができない状況でも別の楽しみがすぐに見つけられる状況を準備しておくことが，思春期以降の暮らしの下準備となる。

（6）報酬のための活動の不足

　強度行動障害のある人たちでは，課題と報酬の関係を理解することに困難をともなうことがある。この理解が十分でないと，「報酬のために課題をこなす」という時間の使い方ができなくなる。そうなると原理的に，大人になってからの暮らしのすべてを，遊びによる退屈しのぎで埋め尽くさないといけなくなる。これはなかなか大変なことである。

　報酬のために自分からはやりたくない活動，けれども他の人はやってほしいと考えている活動に取り組むことができれば，仕事を人生の退屈しのぎとして組み込んでいくことができ，さらにはその獲得した報酬によって人生の

質を向上させることも期待できる。

　知的能力障害や自閉スペクトラム症のある人の成人期の暮らし方として，もっとも避けるべきなのは奴隷的労働である。誰かに提示された仕事を断ってはいけないと考えている，もしくは断るためのコミュニケーション技術をもっていない。しかもその仕事の報酬が用意されていない，もしくはその因果関係の理解が不足しているために報酬であると認識されていない状態であるとき，奴隷的な労働状態が生じうる。それよりいくらかよいのは強制労働の状態，つまりは仕事の拒否はできないが，その報酬は用意されていて，ある程度認識できている状況である。

　こうした奴隷労働，強制労働の状態はもちろん健全な暮らし方ではないし，強度行動障害をはじめとしたさまざまな二次的な問題につながる。仕事の行きしぶりや欠勤，それにともなうかんしゃくや攻撃的行動，後で説明するカタトニアやときには抑うつ症状の出現などが高頻度でみられるようになる。

　こうした状況を避けるためには，まずは2ステップのスケジュールを確実に理解することが必要である。つまりは，「この型はめをやったらチョコレートがもらえるよ」といった内容を大人から伝えられるということが目標となる。さらには2つのものから1つを選択するコミュニケーション，つまり「型はめをやったらチョコレートがもらえるよ。型はめをやらなかったらチョコレートはなしだよ。どっちにする？」「じゃあ，型はめをする！」というコミュニケーションを確実に成立させることである。残念ながらこのスキルの獲得ができない場合，原理的に賃労働に従事する権利を失ってしまうことになるのである。

　このため，すべての学校を卒業する頃までに，できればこの課題と報酬の関係を理解し，報酬のために課題をこなすことをみずから選び取るコミュニケーションを身につけることが，成人後の暮らしを考えるための重要な目標となる。知的な障害がかなり重い人であっても，これを身につけることは可能であることが多い。たとえば，課題を提案するときには必ず同じオレンジ色のお盆を使う。左側には型はめを置いて，右側にはチョコレートを置く。まっすぐにチョコレートに手を伸ばそうとしたら軽く身体プロンプトをして

型はめを促す。型はめが終わった後はチョコレートを手に取ることを止められない，などの方法である。もともと型はめが好きな子どもであれば，型はめが終わるとチョコレートが食べられるというパターンを身につけることは難しくない。そしてこれが定着してくれば，課題の種類を変えていく，報酬の種類を変えていくなど，次第に般化させていくこともできるかもしれないのだ。

しかし残念ながら，現在の子育て，とくに学校教育では無報酬で，つまりは暗黙の前提となっている社会的報酬や本人の興味，関心のみによって，それが十分ではない場合には強制力によって課題に従事することが求められがちである。これは社会的報酬に対する反応性が高く，興味，関心の幅の広がりやすい多数派の子どもたちにとっては必ずしも不適切ではないのかもしれないが，とくに自閉スペクトラム症の子どもたちにとっては，しばしば大きなこじれの原因となってしまう。

（7）カタトニア

強度行動障害を考えるときに重要な状態像がカタトニア（緊張病）である。現在の診断基準[2]では，これは統合失調症や双極症，うつ病などさまざまな精神疾患にともなって現れるとされているが，自閉スペクトラム症のある人にもしばしばみられるものである。

自閉スペクトラム症にともなうカタトニアでは，多くは思春期以降に，行動の極端な緩慢や停止，自発的行動の減少，目的のない常同的な行動，外的な刺激のない興奮などがみられるようになる。専門の研究者によると，自閉スペクトラム症のある人の12〜18％にみられるとされている[8]。

このようにありふれた現象であるわりに，医療関係者以外にはまだあまり知られておらず，見逃されていることも多い。強度行動障害への対応の際に，意識しておかなければいけない病態である。

自閉スペクトラム症のある人にカタトニアが生じた場合の対応として，蜂矢[9]は以下のように整理している。

①自閉症特性とカタトニア様退行の評価

②ストレスファクターの改善

③必要最低限の促し

④本人にとって意味があり動機のある活動や運動を取り入れる

⑤構造化と適切なルーチンスケジュール

　これらが十分奏功しない場合，薬物療法なども検討されることとなるが，まずはこうした心理・社会的対応が重要となる。とくに注目すべきは「④本人にとって意味があり動機のある活動や運動を取り入れる」である。学術的根拠は十分でないが，多くの臨床家が，自発的な行動の少ない環境がカタトニア発症のリスク要因ではないかと考えている。筆者は，幼児期，小児期からの自発的活動の確保，言い換えれば強制された活動を増やし過ぎないことが，カタトニアの予防に資するのではないかと考えている。

予防のための資源

（1）とにかく人手を集めること

　ここまで述べてきたように，思春期以降の強度行動障害の発症を予防するためにできそうなことはたくさんある。またそれは同時に，幼児期，学齢期早期からみられる強度行動障害の症状を和らげることにつながる。しかし実際の子育てのなかでこうした対応を進めていくためには，膨大な資源が必要となるのも確かである。とにかく人手を集めてこないと，目先のことにすら対応するのは難しい。ましてや将来のこじれを予防するための投資をする余力を確保するためには，かかわる人たちの，気力，体力，時間の余裕が必要となる。そのために重要なのが，養育者を中心とした子どもの周囲にいる人たちとの対話であり，それを通じた資源と余力の確保であるといえるだろう。

（2）子どもと対話する余力を確保する

　幼児期，学齢期において子どもの身近にいる人にとって，もっとも重要な課題は，あらゆるチャンネルを使って子どもの好きと嫌いを見極めることだ

といえるだろう。どんな感覚の刺激が好きで，嫌いなのか。どんなもの，こと，場所，人が好きになってきているのか，嫌いになってきているのか。どんな活動は自発的にやりたくなって，どんな活動はご褒美がないとやる気にならないのか。そうしたことに注意を向け続けることが必要になる。このような取り組みは子どもたちとの絶え間ない「対話」であるといえるだろう。必ずしも言葉を使わなかったとしても，それはある種の対話である。

　こうした姿勢を持ち続けることは，なかなか難しいことである。長い時間それを保ち続けることは難しいし，かかわる大人に余力がない状況では子どもの好き・嫌いよりも大人の好き・嫌いが優先されがちにもなる。子どもとの対話を保つためにも，人手を集めてくること，かかわる大人の余力を確保することはとても大切な目標となる。

（３）「できること」より「やりたくなること」を目指す

　思春期を迎える頃までに，好きなもの，こと，場所，人がたくさんあることが，何より大きな資源となる。この世界のなかに，人生のなかに好きなものごとがたくさんあることが，強度行動障害に対する重要な防御因子となる。

　知的能力障害や自閉スペクトラム症などのある子どもを育てるとき，どうしても何かが「できること」が目標とされがちである。「這えば立て，立てば歩めの親心」という古川柳があるが，少しでも早く，同世代の子どもに遅れることなく，「できること」を増やしていきたいと望む親心はとても自然なものである。しかしこうした目標の設定は，ときに「できるけど嫌いになった」という結果に結びついてしまう。歯磨きはできるけど大嫌いという状況は珍しくない。目標とするのであれば，「できること」ではなく，「やりたくなること」のほうが手堅い設定となる。

（４）大人になったときの暮らしをイメージする

　子どもが成長した後の暮らし方が想像できること，そのための基礎的な知識があることも，手堅い子育てのための大事な資源となる。青年期，成人期を迎えたときに，どのような生活の選択肢があり，どんな暮らし方がその子

に似合うのか，思い浮かべてみることができるとよい。将来の暮らし方をあらかじめ決めてしまうのではなく，その子に似合う暮らし方を想像するというような向き合い方ができることが望ましい。

　このためには，いろいろな先輩たちの暮らし方を見せてもらうこと，先輩の親御さんの話を聞かせてもらうことなどが，大きな助けとなる。最近では，書籍，漫画，映画などさまざまなメディアを通じて，将来の暮らし方のイメージを広げることもできる。

　ただこうした将来についての情報収集はそのタイミングが大切でもある。そこそこの人手が確保でき，子どもの特性も一通り腑に落ちて，対処の方法もなんとなく見えてきているといった頃合いがよいのではないかと思われる。

［文　献］
（1）全日本手をつなぐ育成会「強度行動障害の評価基準等に関する調査について　報告書」2013.（http://www.suginokokai.com/oshirase/pdf/report20130513.pdf）
（2）American Psychiatric Association: *Diagnostic and statistical manual of mental disorders. Fifth edition, Text Revision*. American Psychiatric Association Publishing, 2022.
（3）Chevallier, G., Kohls, G., Troiani, V. et al.: The social motivation theory of autism. *Trends Cogn Sci* 16: 231-239, 2012.
（4）内海健『自閉症スペクトラムの精神病理—星をつぐ人たちのために』医学書院, 2015.
（5）井上雅彦，岡田涼，野村和代「知的障害者入所更生施設利用者における強度行動障害とその問題行動の特性に関する分析」『精神医学』53巻，639-645頁，2011.
（6）鈴木國文，内海健，清水光恵編『発達障害の精神病理Ⅰ』星和書店，2018.
（7）Green, S.A., Hernandez, L., Lawrence, K.E. et al.: Distinct patterns of neural habituation and generalization in children and adolescents with autism with low and high sensory overresponsivity. *Am J Psychiatry* 176: 1010-1020, 2019.
（8）DeJong, H., Bunton, P., Hare, D.J.: A systematic review of interventions used to treat catatonic symptoms in people with autistic spectrum disorders. *J Autism Dev Disord* 44: 2127-2136, 2014.
（9）内山登紀夫編『子ども・大人の発達障害診療ハンドブック—年代別にみる症例と発達障害データ集』中山書店，2018.

第2章

強度行動障害の予防と
コミュニケーション支援

門 眞一郎
フリーランス児童精神科医

強度行動障害の予防

(1) 強度行動障害とは？

　古典的定義としては，「精神科的な診断として定義される群とは異なり，直接的他害（嚙みつき，頭突き等）や，間接的他害（睡眠の乱れ，同一性の保持等），自傷行為等が通常考えられない頻度と形式で出現し，その養育環境では著しく処遇の困難なものであり，行動的に定義される群。家庭にあって通常の育て方をし，かなりの養育努力があっても著しい処遇困難が持続している状態[1]」であり，病名ではなく状態名である。

　どうしてそういう状態になるのか。周囲の出来事や他者からの働きかけを《理解》することが難しく，また要望や感情や体調を適切に《表出》することも難しいために，適切なコミュニケーション行動がとれない。他方，不適切な行動をとることのほうが，効果が大きく，しかもすぐに効果が現れ，必要な努力は少なくてすむので，その不適切な行動（問題行動）が学習されることになる。学習された《問題行動》が，その後維持され，頻度も程度も著しく増大して常態化すると，《強度行動障害》と呼ばれるようになる。

　《問題行動》を繰り返させ，すなわち強化し，維持させているのは，実は周囲の人たちの対応であることが少なくない。《問題行動》をやめさせよう

とする親や家族・教師・支援者・その他の人たちの対応が，実はその《問題行動》を強化するのである。

（2）問題行動とは問題提起行動である

　《問題行動》とは，本人の眼前に《問題》があることの表明，すなわち「社会的障壁が立ちはだかっている！」という意見表明に他ならない。もっと言うと，「その社会的障壁を取り除いてほしい（合理的配慮）」という我々への要請なのである。だから《問題行動》ではなく，《問題提起行動》と呼びたい。《社会的障壁》とは，障害者基本法（2011年改正）第2条によると，「障害がある者にとって日常生活又は社会生活を営む上で障壁となるような社会における事物，制度，慣行，観念その他一切のもの」であり，それを取り除いてほしいという要請に応じることは，「合理的配慮」である（障害者差別解消法，2016年施行，2021年改正）。

　周囲の人たちが，社会的障壁を築き，それを取り除こうとしないなら，そちらのほうが《問題行動》である。自閉スペクトラム障害や知的能力障害の人たちにとって，社会的障壁の最たるものの1つが，コミュニケーションの障壁である。これが，問題提起行動の根本的な原因であることが少なくない。言葉を話すだけではコミュニケーションとは言えないし，コミュニケーション手段は言葉以外にもたくさんある。そしてコミュニケーションは双方向性の行為（対話）である。他者からのコミュニケーションの「理解」と，他者に欲求や要望，感情，体調などを伝えるコミュニケーションの「表出」があり，自閉スペクトラム障害の人たちは，いずれにも独特の特性（メリハリ）を抱えている。

　要するに，行動障害とは，「コミュニケーションについての，周囲（社会）の理解と支援が悪いことが問題だ！　それを改善してほしい」という問題提起であり，強度行動障害とは，強力かつ頻繁な問題提起行動とみることができる。

　コミュニケーション支援の話に入る前に，強度行動障害とラベリングされている人の行動，とくに問題提起行動はどのようにして学習させられ維持さ

れ常態化されるかを考えてみよう。

（3）問題提起その1：その行動の機能（理由）は何か？

①行動の機能アセスメント

　まず，「なぜ私はこういう行動をとっていると思いますか？」という問題提起に応えなければならない。問題提起行動をとる人への支援を考える場合，その「形態」（たとえば，なぐる，うばう，こわすなど）よりも，その「機能」に着目することのほうが重要である。つまり行動の理由や目的である。この機能を明らかにする作業が，行動の機能アセスメントであり，問題提起行動をとる人への支援を行う際の最初のステップである。

　機能アセスメントには3種類の方法がある。すなわち，（ⅰ）間接的アセスメント，（ⅱ）直接観察アセスメント，（ⅲ）実験的分析（機能分析）である。3つ目の機能分析は，行動分析士の資格をもつ行動学専門家でなければやるべきではない。行動学専門家ではない我々にできるのは，まず間接的アセスメントである。問題提起行動をとる当事者を普段よく知っている人から，インタビューや質問紙を用いて，問題提起行動の先行事象と結果事象についての情報を集める。その際に使える書式には，たとえば機能的アセスメント・インタビュー（FAI[(2)]）がある。その後，自然な（普段の）状況のなかで，標的とする問題提起行動，先行事象，結果事象を，直接観察して記録し，機能について検討する。その書式には，たとえば機能的アセスメント観察用紙[(2)]がある。

②行動の原理，ABC三項随伴性

　行動の《機能》を知る際の必要知識として，行動の原理，ABC三項随伴性は必須のものである。くわしくは成書に譲るが，まずはABCのC：結果事象（Consequence）である。これは行動の学習過程では最も重要な項である。Bの行動（Behavior）が，今後起こりやすくなる，つまり繰り返されていくか，あるいは起こりにくくなるか，ということに大きく影響を及ぼすのがC：結果事象である。「○○をしたら△△という結果になった」という経験が重要なのである。ある行動をとって，望ましい結果になったなら，今

後その行動をとる確率は増大する（強化される），あるいは，ある行動をとって嫌な結果になったなら，今後その行動をとる確率は低下する（弱化される）というように，結果事象はその行動が今後起こりやすくなるか起こりにくくなるか，つまり，その行動を繰り返すようになるか，あるいはその行動をとらなくなるかということに大きく影響する。行動の生起率を増大させる結果事象を強化子，低下させる結果事象を弱化子という。

そしてＡ：先行事象（Antecedent）は，行動の直前に先行する事象である。ある行動をとると，そのあと強化子が出てくる，あるいは弱化子が出てくるということを知らせる合図（弁別刺激）である。つまり，今こういう状況で，ある行動をとると，その後よい結果になる，あるいは今こういう状況で，こういう行動をとると，悪い結果になる，ということを知らせる合図となる。

この《行動の原理》は，すべての行動に共通する原理であり，もちろん問題提起行動もその例外ではない。

③行動の機能

機能については，諸家の分類がいくつかあるが，大同小異で，多くは，（ⅰ）注目要求の機能，（ⅱ）物や活動の要求機能，（ⅲ）回避や逃避の機能，（ⅳ）自動強化の機能（行動自体が生み出す感覚刺激による強化）のバリエーションである[3]。

しかし，ここで紹介したいのは，絵カード交換式コミュニケーション・システム®（PECS®）の開発者の一人アンディ・ボンディの分け方である。彼が分けている機能は以下の３つである[4]。

（ⅰ）強化子を獲得できることで強化される（結果事象による正の強化）。
　　　自動強化もここに含まれる

（ⅱ）嫌悪事象から逃避／回避できることで強化される（結果事象による負の強化）

（ⅲ）（先行事象の特性や変化に）誘発されて生起する

第一は，強化子を獲得する機能。結果事象として強化子が出てくる。強化子としては具体的な物や活動，注意注目，感覚刺激などである。これは正の

強化である。たとえば，A君は他の生徒が自分のタブレットを使っているのを見つける。A君がその生徒を殴ると，その生徒はA君にタブレットを渡す。A君は，タブレットという強化子を獲得したことになる。

　第二は，嫌悪事象から逃避したり回避したりする機能。結果として弱化子や嫌悪事象が除去される。他者からの要求や活動，あるいは嫌な状況や苦痛からの逃避や回避である。たとえば，B君は新たな課題を出されて席に着かされる。そのうちに課題の材料を放り投げて大声をあげる。そうすると別室に連れていかれ，やりたくない課題から逃避できるということになる。

　以上の2つの機能に関しては，他の研究者たちも言及しているが，ボンディは第三の，先行事象に誘発されて起きるというものを挙げている。この場合，結果事象に変化はない。たとえば，Cさんは運動場で転んで膝を擦りむいた。そしてCさんは痛くて泣き喚いた。泣き喚いたからといって痛みが消えるわけではないが，痛みに誘発されて泣き喚いた。あるいは，体育が嫌いなCさんが，自分のスケジュールを見て，今日体育があることを知り，大声で叫んだ。そのことで体育が免除されはしないのだが，その日に体育があることを知った瞬間に，そのことに誘発されて大声をあげたのである。これは，機能というより理由であるが，結果事象とは関係せず，先行事象の変化のほうが関係する。つまり，結果事象は変わらないが，先行事象から誘発されるのである。たとえば，強化子が急になくなってしまった，強化子がなかなか手に入らず待たされる，といったことでイライラして起きる問題提起行動である。あるいは痛みや恐怖や興奮に誘発されて起きる問題提起行動である。これらの問題提起行動をとっても，結果はまったく変わらないが，とにかくイライラして，ついそういう行動をとってしまうということである。

（4）問題提起その2：どう支援してくれるのか？　これまでの支援
##　　　の仕方を変えてくれ！

　問題提起行動への支援の焦点は，問題提起行動の消滅ではなく，別の行動への置換である。望ましくない行動にだけ焦点を合わせるのではなく，むしろ望ましい行動にこそ焦点を合わせる。行動の機能アセスメントの結果に基

づいて，問題提起行動の機能を確定し，その機能と等しくて望ましい代替行動（機能的に等価な代替行動）を教え，それを強化する。

問題提起行動への支援の三本柱は，先行支援，分化強化，消去である。

①先行支援

先行事象を変更する。機能的に等価な代替行動をとると望ましい結果になるということの合図や手がかり（弁別刺激）を提示する。その際，強度行動障害の人には視覚的な提示が必要となることが多い。すなわち，状況の意味（とくに弁別刺激）と見通しを理解しやすくするために，しばしば視覚的構造化を行う。

次に，機能的コミュニケーション・トレーニング（FCT）により，代替コミュニケーション手段を習得してもらう。代替コミュニケーション手段としては，やはり視覚的なもの，すなわち絵カード・写真・文字などを用いる。具体的な指導法として，PECS®について後述する。

②分化強化

問題提起行動と機能の等価な代替行動を教え，それを実行できたときにのみ強化する。すなわち代替行動分化強化（DRA）である。また，問題提起行動をとっていないとき，すなわちそれ以外の行動をとっているとき，それを強化する他行動分化強化（DRO）も考える。

③消去

一方，それでも，問題提起行動が出る場合は，強化子を獲得できないように，あるいは弱化子から逃避できないようにして，消去を図る。特定の行動に対する強化子がもはや与えられないなら，あるいは弱化子からもはや逃避できないなら，その行動は消去されていく。

ただし，その際，消去バーストと消去抵抗に注意する必要がある。消去バーストとは，いままで提供していた強化子を突然提示しなくなったり，弱化子を撤去しなくなったりすると，問題提起行動の生起率は一時的に増大し，その後徐々に低下していくという現象である。消去抵抗とは，部分強化（間歇強化）されると，つまりときどき強化子が手に入ったり，弱化子が撤去されたりすると，その行動は消去されず，維持されてしまうという現象である。

消去を図る場合には，この消去バーストと消去抵抗のことを知ったうえで実行しないと失敗しかねない。

（5）強度行動障害の予防

　予防は，問題提起行動が出ていないうちに，先行操作をすることである。先に述べたように，「この状況で機能的に等価な代替行動を取ると強化されるよ」ということを暗示する合図や手がかり（弁別刺激）を理解しやすくするためには，視覚的構造化が欠かせないが，これはあくまで理解コミュニケーションの支援である。

　当然ながら，表出コミュニケーションの支援も欠かせない。先行支援としての機能的コミュニケーション・トレーニング（FCT）である。とくに，発語がない，あるいは乏しい強度行動障害の人には，拡大代替コミュニケーション（AAC）手段を使えるようにすることが極めて重要である。とりわけ，絵カード交換式コミュニケーション・システム®（PECS®）は，他に類を見ない独特の利点を備えている（PECS®については後述する）。

コミュニケーション支援は予防の基礎

　先行支援として，視覚的構造化と共に重要なはずの表出コミュニケーション支援が，たとえば強度行動障害支援者養成研修などで，なぜこれまでさらっとしか触れられてこなかったのであろう。その理由は，おそらく表出コミュニケーション，とりわけ《自発的》な表出コミュニケーションの効果的な支援法がわからなかったからではないだろうか。

　しかし，1985年に米国で，画期的な自発的表出コミュニケーションの指導システムが開発され，事態は大きく前進した。それが絵カード交換式コミュニケーション・システム®（PECS®）である。わが国には約20年遅れて，今世紀に入ってから輸入された。現在，ピラミッド教育コンサルタントオブジャパン社が国内でワークショップを開催して普及に努めている。これは，強度行動障害を予防するためだけではなく，すでに強度行動障害の状態になっ

ている人にとっても，そこから脱出するために必要なコミュニケーション手段の1つである[5]。

（1）絵カード交換式コミュニケーション・システム®（PECS®）

　PECS®の指導にあたって，準備トレーニングは不要である。必要なスキルも，欲しいモノに手を伸ばすことくらいのものであり，注目や模倣，具体物と絵カードとのマッチング，絵カードの理解など一切必要としない。最初のステップから，《自発的》な要求を教えることができる（フェイズ1）。絵カードを人に手渡すこと，すなわち対人交流を始めるために，本人はコミュニケーションの相手に接近する（相手の注意を引く）（フェイズ2）。絵カードの意味が理解できていない人には，絵カードの弁別と選択を教える（フェイズ3）。その後，文を構成して要求する（フェイズ4，5）ことや，コメントすることを教えていく（フェイズ6）。さらにさまざまな追加スキル（「待って」や「ダメ」に応じる，スケジュールの理解など）も教える[6]。

　PECS®に限らず，拡大代替コミュニケーション（AAC）は，言葉の発達を妨げることはない。それどころか，言葉の発達を促すことすらある。さらには，自立生活とは正反対の極にあるプロンプト依存（指示待ち）の状態が激減するといった効果が実証されており，科学的根拠のある最良の実践（Evidence-based best practice）の1つである[7]。

（2）9つの重要なコミュニケーションスキル™

　PECS®では，行動障害を予防するために必要なコミュニケーション・スキルを9つ挙げて，重点的に指導する[6]。

表出（表現性）コミュニケーション・スキル

　①欲しいモノやしたい活動（強化子）を要求する，②手助けを要求する，③休憩を要求する，④受諾（はい）を伝える，⑤拒否（いいえ）を伝える

理解（受容性）コミュニケーション・スキル

①「待って」と「ダメ」を理解する，②指示を理解する，③移動・活動の切り替えを理解する，④スケジュールを理解する

　これら9つのコミュニケーション・スキルである。これらのスキルがなぜ重要かというと，各スキルを落ち着いて効果的に使えないと，同じ結果を手に入れるために別の手段を使う可能性がとても高くなるからである。別の手段とは，たとえば攻撃・破壊・自傷などの問題提起行動である。強度行動障害の人は，この重要なコミュニケーション・スキルを習得できていない。強度行動障害になる前に，人生のごく早い時期に，これらのコミュニケーション・スキルを教えることが強度行動障害の予防につながる。予防できている状態は目に見えないので，周囲の人々は気づきにくいが，実はこれらが予防上きわめて有効なのである。

　さらに，私は，「感情・体調を伝える」を加えて，合計で10の重要なコミュニケーション・スキルとするのがよいと考えている。「感情・体調」を伝えられないことで，実力行使に及ぶ，すなわち問題提起行動を取ることになりやすいからである。

（3）9つの重要なコミュニケーションスキル™を機能的に等価な代替行動の観点から考える

　ボンディによる問題提起行動の3つの機能に関して，それぞれの機能的に等価な代替行動を考えるとどうなるであろうか[(4)]。

　（ⅰ）強化子の獲得

　欲しいモノ，したい活動を，絵カード1枚，あるいは複数枚で文を作って自発的に要求することが代替行動となる

　（ⅱ）嫌悪事象からの逃避／回避

　「休憩」カードを手渡して，嫌なことから一時的な逃避を要求することが代替行動となる。また，「てつだって」カードを手渡して，難しい活動での手助けを要求することも代替行動となる

（ⅲ）直前の状況による誘発

「待って」カード（視覚的手がかり）を使って，待つことの理解を教える。欲しいモノ（強化子）を要求する場面で，カラの容器や皿を見せたり，両手掌を開いて見せたりして，「ない」ということを視覚的に伝え，同時に要求に使った絵カードに，NOシンボル（🚫）を貼る

以上，先行支援としてのFCTは，強度行動障害の予防法としても対処法としても必要不可欠な支援である。PECS®の具体的な指導法は，トレーニング・マニュアル[6]や解説本[7]にくわしい。

ABCDEF分析と支援

問題提起行動への支援の三本柱，すなわち先行支援，分化強化，消去を計画するときには，ABCの三項だけでなく，DEFも考える必要がある。Dはdeficitである。たいてい欠陥と訳されるが，弱点，不得意なこと，短所などと呼ばれる特性であり，筆者はメリ（減り）と呼んでいる。このDをアセスメントすることが，Aすなわち先行事象（Antecedent）の理解に導く。そして，Cすなわち結果事象（Consequence）を分析することで，Bすなわち行動のFすなわち機能（Function）を明確にすることができる。

そして，支援を考えることになる。EはExcessあるいはExtraである。強み，得意なこと，長所などと呼ばれる特性であり，筆者はハリ（張り）と呼んでいる。このEをアセスメントすることが，先行事象に対する対応策，すなわち先行支援につながる。つまりハリを活かす支援ということになる。次に，Bに対して機能的に等価な代替行動（FEAB）を決定し，その結果事象が，問題提起行動による結果に等しいかそれ以上のものになるようにする（代替行動分化強化DRA）。あるいは，問題提起行動以外の行動を強化する（他行動分化強化DRO）。それでも出てくる問題提起行動は強化しないようにする（消去）。

以上を1枚のシートにしたものが，ABCDEF分析シートである。これは

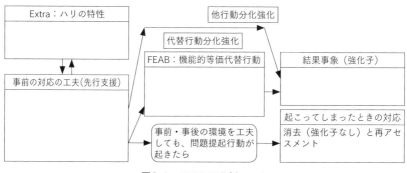

ABCDEF分析シートVer.4.0　　No.　記入日：　　年　月　日　　氏名：
（個々の問題提起行動に対して）　　記入者：

（2021/02/07眞一郎作成、複製可）

| Antecedent：先行事象 | Behavior：行動（CIB） | Consequence：結果事象 |

| Deficit：メリの特性 | Function：機能
1　何かを獲得
2　何かを回避／逃避
3　何かから誘発された |

Extra：ハリの特性

他行動分化強化

代替行動分化強化

FEAB：機能的等価代替行動

結果事象（強化子）

事前の対応の工夫（先行支援）

事前・事後の環境を工夫しても、問題提起行動が起きたら

起こってしまったときの対応
消去（強化子なし）と再アセスメント

図2-1　ABCDEF分析シート

筆者のホームページから自由にダウンロードできるようにしてある（図2-1）（https://kado2006.sakura.ne.jp/book1/book1.htm）。

おわりに

　強度行動障害とは，激しい問題提起行動が持続している状態である。それは当事者の眼前に立ちはだかる社会的障壁のせいであり，それを除去することが合理的配慮となる。そして社会的障壁の最たるものがコミュニケーションに関する社会的障壁である。すなわち当事者が苦手とする音声言語でのコミュニケーションを強制されていることである。

　障害のある人の権利に関する条約（国連）第21条には，「すべての利用可能なコミュニケーションの手段・形態・様式を，自ら選択して用いること」

が権利として掲げられている。しかし，コミュニケーション手段の選択肢が用意されていなければ，その選択権を行使することはできない。選択肢には拡大代替コミュニケーション手段が必須のものとなる。とくに強度行動障害の状態に追いやられる人には，自閉スペクトラム障害や重度の知的能力障害の人が圧倒的に多いことを考えると，メリである聴覚的コミュニケーションよりも，ハリであるPECS®のような視覚的コミュニケーションのほうが当然重要な選択肢となる。

［文　献］
（1）行動障害児（者）研究会「強度行動障害児（者）の行動改善および処遇のあり方に関する研究」財団法人キリン記念財団，1989.
（2）O'Neill, R.E., Albin, R.W., Storey, K. et al.: *Functional assessment and program development for problem behavior: a practical handbook. 3rd edition.* Cengage Learning, 2015.（三田地真実，神山努監訳『子どもの視点でポジティブに考える 問題行動解決支援ハンドブック』金剛出版，2017）
（3）井上雅彦「行動の生じる理由と対応」全国地域生活支援ネットワーク監修，牛谷正人，肥後祥治，福島龍三郎編『強度行動障害のある人の「暮らし」を支える』137-147頁，中央法規出版，2020.
（4）Bondy, A.: *The pyramid approach to education: a guide to functional ABA.* Pyramid Educational Consultants, 2011.（門眞一郎監訳『教育へのピラミッド・アプローチ―役に立つABA入門』ピラミッド教育コンサルタントオブジャパン，2016）
（5）久賀谷洋「コミュニケーションを学ぶ力と合理的配慮」全国地域生活支援ネットワーク監修，牛谷正人，肥後祥治，福島龍三郎編『強度行動障害のある人の「暮らし」を支える』97-104頁，中央法規出版，2020.
（6）Frost, L., Bondy, A.: *The picture exchange communication system training manual. 2nd edition.* Pyramid Educational Consultants, 2002.（門眞一郎監訳『絵カード交換式コミュニケーション・システム・トレーニング・マニュアル 第2版』ピラミッド教育コンサルタントオブジャパン，2005）
（7）Bondy, A., Frost, L.: *A picture's worth: PECS and other visual communication strategies in autism. 2nd edition.* Woodbine House, 2011.（園山繁樹，竹内康二，門眞一郎訳『自閉症児と絵カードでコミュニケーション―PECSとAAC 第2版』二瓶社，2020）

コラム ①

うちの家訓は枠よりワクワク♪

稲田友美

指談支援者，介助職，保護者

　1990年代半ば。学生時代に社会学を学び，その中で自立生活運動を知った。自己実現を研究テーマにもしていた私はすぐに自立生活を望む方の介助を始めたが，当時も世に広く知られているとは言えない暮らしと介助形態だった。

　時は流れて2000年代半ば。

　小さく早く産まれた息子に周りから向けられる冷たい目，哀れみと同情や非難（新しい命と母親に何故マイナスの言動を向ける？）。

　モルヒネやチューブにつながった新米ママの私は電動車椅子を借りてすぐにでも面会に行きたいと訴えたが却下され，安静にと言われる。NICU児の母親への対応や医療・福祉の"疑問あるある"に驚くとともに，一般的な子育てやかかわり方が通用しないかもしれない予感と，「だったらどうするか？」の不安が止まらなかった。

　仕事で自己実現や人間形成過程のさまざまな影響を肌身で感じていただけに，息子に社会が与えるものの狭さとつまらなさを予見してしまい……。

　こりゃヤバイぞ！

　息子の人生に，どんな影響や影を落とすのか？　しょうがいがあってもなくても，人生始まってすぐの息子に周りの先入観や偏見が押し寄せ，主流から外れた子育ての世界を狭められるようなことばかりで，プラスになることを今どうするかってことが「ない」不思議。

　当たり前が当たり前ではない現実，知らなかった世界の中で知らないまま

でいては危ないと痛感した。

　楽しく息子を迎えたいだけの工夫をしようと動こうにも，「様子見で」「まだ早い」。周りに止められる波乱の幕開け。

　時に自分の人生と暮らしの中の当たり前を問い，いかにハッピーを紡ぎ，伝えていけるか。息子に負の感情やジャッジで接すること自体失礼じゃないか？　そんな気持ちでツッコミ担当・渉外担当となることを決めた。

　触覚をはじめとする感覚の過敏と痛みに対する鈍さ，体のまひとパニックが，自傷や他害，家具家電の損壊という「ことば」となって押し寄せる日々。

　周りからは非難や批判をあからさまにもひた隠しにもされ，薬を勧めたり様子見という放置をしたり，時に無理解を突きつけられたりもした。

　今，ココをなんとかできないか？　息子が今ココを味わえる自分のものさしを持てるように……。

　手先の感覚過敏と多動を「意義のある，思いの通う多動（‼）」にすべく，幼児期での自走車椅子（パンテーラミクロ）の導入を思い立つ。

　だが医療機関等に打診すると「危ないよ」「自走は学齢から」の壁が立ちはだかる。立ったり歩いたりを練習して身体だけでできるようになるのではなく，道具や工夫が介在することや危険予測ができないことがダメだという。

　そこで息子が能動的な移動手段を獲得するための試行錯誤が支えられるよう，車椅子駆動やその他の自発する行動と情動の世界を主体的に味わい，意味を紡ぎ，つないでいくためのヒントとして，「ミュージカル人生計画」を取り入れた。息子が興味をもてるノンバーバルなサイン，好きな音，歌，ジングル等から広げて替え歌に……好きなものの模倣と生活場面をリンクさせていき，タイムスケジュールや生活動作の意識と見える化を狙う。感情が揺れたり行動が自発する時＝息子の能動的な行動変容のチャンス（‼）に合わせて音やヒントとなる仕草やフレーズを添えたり，場面を変えても気づいていけるような，模倣が自発することで般化も極力不要になるような演出。

　何を親子の「当たり前」や「普通」にするのか。ことばや行動の捉え方とそのベースになるものや意図するものごとを深く意識するようになっていった。

　息子自身が主体性を主張することを担保するにも，知らなかったらチャンスロスや負担が後々にも大きく影響する制度やサービスを知っているからこ

そできること，見えるもの。

　母というモチベーションの絶え間ない揺らぎ。日常の非日常化，生活様式と日々の行動変容。

　失敗やトラブルが多々ありつつも，徐々に自走車椅子が手の過敏と身体をどう使うかの自学に貢献し，外に出て動ける世界の発見と乗り物好きを強化し，コミュニケーション手段や表出の意味と省エネ化（行動問題とされるような表出をしなくても伝わることの自発）が可能となっていった。自信につながり，暮らしの豊かさや文明の進化を急速に体現するようなイメージとでも言おうか。

　のちに息子は指談で「おかあさんがじゆうをはこんできてくれた」「パニックするひつようがなくなった」と語ってくれた。息子にとって大きな人生の転機だったのは確かで，伝わっていたことがわかって本当に嬉しかった。

　JOL（JOY of LIFE），そしてJOY（じゃあ　お前が　やってみろ）と，枠よりワクワク。

　うちで心がけてきたこと。それは，暮らしや自分の中の「当たり前」を広げるために問いをもつこと，自分の機嫌を取れるのは自分であることを子どもに近い大人たちが見せていくこと。

　生殺与奪の権を他人に握らせるな……大流行の漫画のキャラクターも言っていた，スキルや余暇につながる宝探しと，人生の宝物を掘り当てる道具（手法）のアレンジ，カスタマイズ。言葉と経験の失敗も，能動的な行動をもとに本人のペースと理解の世界で面白がれたことは大きな違いを生んできた。

　「意味」を体感し人間らしく人間臭く生きるために，外側から整えたり切り出して与えたコミュニケーション学習では「はみ出してしまうこと」がついて回って，世話や修正という手続き＝子離れ（子離し）が今ほどにできなかったかもしれない。

　手段が目的化しないこと……息子がふと指談で言った。

　「じぶんを　いきるのは　だれでも　おなじ」

　親子の人生の距離感の「世間との違い」……学校や支援機関が思う進路や自立感の違いを体感できているのだろうか。

　"出世魚"になって世の中を泳いでいってもらいたい。

第3章

教育領域における強度行動障害の予防

新井豊吉
児童相談所保護係心理療法専門員／文京学院大学大学院非常勤講師

はじめに

　わたしは40年以上も前に，今でいう特別支援教育を専攻し，特別支援学校の教員となった。管理職にはならずに60歳まで研究主任，学年主任，学級担任として子どもの支援に直接かかわってきた。また地域の社会福祉法人が運営する障害児・者施設のスーパーバイザーとして困難事例の相談に乗っており，それは現在も続いている。定年退職後は大学の教員として，5年間，特別支援教育を学生に伝えながら，やはり地域の小学校，中学校，特別支援学校を訪ね，授業研究に携わってきた。現在は児童相談所一時保護所の心理療法専門員，大学院の非常勤講師として勤務している。

　学校という組織のなかで子どもたちから多くのことを学んできた。彼らが立派に成長し巣立っていったことは事実であるが，学校がつらい場であった子どもたちがいたことも事実である。そのことを念頭に置いて，強度行動障害について思うところを書き記していきたい。

学校文化とASD（自閉スペクトラム症）

　長く教員をしていたわたしは，さまざまな場で「学校文化」という言葉に

触れることになった。とくに福祉，医療関係者から聞くその言葉は，「学校だから仕方ないよね」と諦めにも似たニュアンスを含んでいた。学校の使命として，集団生活を通して子どもを育てていく，という目標は譲れないものだと思う。しかし人にはその人に適した「集団の大きさと質」がある。とりわけASD（自閉スペクトラム症）児のなかには，大きな集団自体が苦手であったり，音や匂い，動き，空間の広さなどが不快であったり，何をするのか，いつまで待つのかが理解できなかったりなど，感覚的な問題や見通しのなさから，その場で過ごすことが困難な子どもたちがいる。視覚支援やスケジュールの提示が市民権を得てきているとはいえ，その子だけのオーダーメードな環境が用意されているとはいえない。不適応を起こしている子どもが「困った子」「わがままな子」と判断され，我慢のできる子に育てないと将来困るだろうという思いから，長期間子どもが実態に合わない指導を受けているということもある。幼少期は体も小さく，教員の思う通りに動かすことができるが，年齢が進むにつれ，子どもはみずからの意に反して動かされる経験が増え，荒れる原因となっていく。

　重度知的障害を伴うASD児の担任にとって，入学式や卒業式は心労のもとであった。初めての場所で難しい話を聴かされては，子どもは我慢できないのが当然だろう。最前列で泣き叫んでいる新入生たちを尻目に淡々と祝辞を読む人はどんな気持ちなのだろうといつも思っていた。学校という組織に入る洗礼なのだなと思った。新入生以外でも，教員が「今日だけはごめんね。我慢してね」と謝りながら子どもを押さえている場面をよく見てきた。現在は違うとか，いまだにうちの学校はそうであるとか，皆様のご意見を聞かせていただきたいところである。

　集団学習の例として運動会や文化祭がある。行事を楽しみにしている子どもはたくさんいるし，それを通して成長することも確かであるが，今回はそうではない子どもに焦点を当てたい。

　運動会や文化祭の準備は数ヵ月前から各教科と連携をとりながら始まっていく。つまり通常の授業とは違うスケジュールが組まれる。嫌な経験を積んでいると，特別時程が始まるだけでその雰囲気を感じ取り不穏になる子ども

たちが出てくる。文化祭で忘れられない光景がある。日頃穏やかな若手女性
教員が，舞台に上がることを渋っている子どもを怖い顔で叱咤していた。普
段の練習ではできていたのかもしれない。本番当日の空気に飲まれたのかも
しれない。とにかく泣きじゃくって舞台に上がろうとしなかった。教員の脅
すような声や顔が忘れられない。発表の場というものはそれだけ教員にプレ
ッシャーを与えるのである。練習を積んだのに成果を発揮してくれない子ど
もへの苛立ち，舞台を楽しみにしている保護者に晴れ姿を見せることができ
ないことへの焦り，このまま終わると周囲から力のない教員だと思われると
いう不安，それらがこの教員を変貌させた理由である。子どもは「教員（大
人）は信用できない」と思ったのではないだろうか。保護者と教員は子ども
の実態を共有し，不参加も含めて柔軟な参加方法を検討していくべきだと考
える。

高等部でのエピソード

（1）手首をつかんできた生徒

　高等部の作業の時間に，あるASD児と教室で二人きりになった。学年も
違い，あまり接点のない生徒であった。筋肉質で体格がよく，重度の知的障
害があり，視線が合わず，自傷とエコラリア（オウム返し）の激しい生徒と
いう印象だった。3メートルくらい離れて座っていたが，わたしには関心が
ないようであった。

　突然彼は「ダメでしょッ！」「やめなさい！」と大声を出しながら自分の
太ももを拳で激しく叩きだした。わたしは思わず近くに寄ったが，彼がわた
しを見ることはなかった。手の甲に大きなタコができていた。わたしはまた
席に戻って様子を見ていた。しばらくすると彼は視線を合わせることなく近
寄ってきて，いきなりわたしの手首をつかんで「いいかげんに出て行って
よ！」と叫んだ。わたしは非常に驚いた。彼は何事もなかったかのように席
に戻り，独り言を始めた。遅延性のエコラリアではなく，自分がされてきた
であろう行動を，ほとんどかかわりのないわたしに行ったのである。彼はど

れくらい否定的な言葉を聞き，どれくらい手首をつかまれてきたのだろうと思い，気持ちが沈んだ。

（2）受け入れに悩んだ生徒

　ある生活介護事業所から「学校でかなり暴れるという生徒を引き受けることになった。とても不安なので見に来てほしい」と相談を受けた。現場実習期間は特別支援学校の男性教員2名が引率していた。仕事中も椅子や机を投げたり，奇声を発したりしながら大きく飛びはねていて，周囲の利用者はかなり怖がったそうである。学校では常に教員が一対一で対応し，荒れたときは2名体制で対応していた。事業所には年配の利用者も多く，職員は受け入れにかなり不安を抱いていた。

　事業所での様子をビデオに撮ってもらい，後日それを見ながら職員とケース会議を開いた。映像では，荒れている彼のそばに，威嚇するように男性教員が腕組みをして立っていた。荒れるのはどのようなときかを職員に話してもらった。すると，自由時間や，「うるさい」など他の利用者から叱られたときが多いということがわかった。結論として，①力で押さえる支援はしない，②他の利用者と離れた場所で作業を行う，③何をどれくらいやるかを本人と一緒に決めて視覚的にわかるようにする，④否定語は使わない，などを決めた。その結果，荒れることは減り，原因とパターンがわかったことで職員も対処が可能となり，彼を怖がることはなくなった。

事　例──家庭内暴力やこだわりが激しかったAさん

　現在，運送会社に障害者雇用枠で就職し仕分け作業員として立派に働いているAさんは，特別支援学校中学部時代は，学校一のワルというレッテルを貼られていた。IQは50前後で，聞き取りにくいが簡単な日常会話が可能であった。小学校特別支援学級時代からタバコやシンナーに手を出していた。反社会的なこだわりも強く，親や祖父母の財布からお金をとって，毎日，スポーツ新聞を5紙買ってきては眺める，特定のスーパーのチラシを束で持ち

帰る，スーパーの裏口からゴミを袋ごと持ち帰るなどの行動があり，スーパーを出入り禁止になった。すると彼は母親に車を運転させ，違う地域の店舗からチラシを持ってきていた。制止すると家のテレビを窓から投げたり，壁に穴をあけたりしていた。母親が大切にしている犬を虐待し病院送りにするので，母親もつい「おまえなんか死んでしまえ」と怒鳴り，さらに荒れて，母親に包丁を向けたこともあった。逃げようとするとドアに鍵をかけて母親を閉じ込めた。母親は何度か警察を呼んでいる。体重は80キロ以上あり，母親が対応することは難しかった。もちろん医療にもかかり，服薬もしていた。父親は単身赴任で不在であった。

電車での通学途中で，同じ学校の高等部の生徒を駅のトイレに連れ込み大けがを負わせたということがあり，高等部進学と同時にスクールバス登校となっていた。学校では，家庭での行動を叱られ，罰としてよく廊下の拭き掃除をしていた。学校内を一人で歩くことは許されず，常に男性教員が付き添っていた。母親は当時を振り返り，「担任から『家でもっと厳しくしてください。甘やかしすぎです』と言われて，学校から電話がくると憂うつだった」と語った。

高等部に進学し，わたしが担任となった。もちろん十分引継ぎを受けていたが，進学をきっかけに環境をリセットしたいと考えていたので，彼をほかの生徒と同じように扱った。元担任と廊下ですれ違うときは，彼はいつもわたしの後ろに回って大きな体を隠した。それだけ厳しい指導を受けてきたのだろう。

4月のある日，一緒に廊下を歩いていると，彼は「一人で歩いていていいの？　何かしてしまうかも」と言った。わたしは思わず「信用しているから」と答えた。彼は照れくさそうに，嬉しそうに笑った。その瞬間「これはなんとかやれるかもしれない」と思った。しかし常に見守りが必要であるため，学習グループもわたしのグループとした。

書き切れないほどのエピソードがあるが，要点だけを書いていく。

学校生活は順調に進んでいたが，家庭での素行はまったく変わっていなかった。1年生の家庭訪問時，わたしと副担任が訪問すれば話し合いはできる

と思っていた。しかし，家で会う彼は目つきが違っていて別人のようであった。家は彼のテリトリーであるため，母親を支配し，わたしたちの制止も聞こえなかった。母親が自分の悪口を言うのではないかという不安があり，それを阻止したいようであった。この日は早々に引き上げることにした。学校ではほめることばかりだ，ということを本人に伝え，後日母親に学校に来てもらって面談をすることにした。学校ならば彼が毎日穏やかに過ごしている場であり，わたしたちのテリトリーなので話し合いができると思った。しかし，母親が教室に入ると同時に彼は母親を力づくで追い出してしまった。何年も家庭で荒れていて，力関係が逆転している場合，家庭内で関係を改善していくことは不可能に近いと思う。これ以降，母親を含めての面談はやめにした。

　進路主任と相談し，ショートステイに取り組むこととした。家を離れると思い通りにできないのでかなりの抵抗があったが，あらゆる事前学習を行い，なんとか1週間家庭を離れて施設で生活することができた。この経験は彼にとって大きな自信となった。同時に「この先生の言うことを聞いていれば大丈夫。この先生になろう」というこだわりが生まれた。彼はわたしと同じ電車に乗り，登校時間よりも早く学校に着き，下校時間にも帰宅せずわたしの仕事が終わるまで教室で待っていた。夏休みも登校し，教室の掃除や印刷の手伝いなどをした。わたしと同じカバンを買い，目も悪くないのに眼鏡をかけ，同じデジカメを買い，同じようなジャージを着始めたので見た目もわたしと同じようになった。携帯に毎日何度も連絡がくるようになった。同時に家でのこだわりは減っていった。つまりこだわりがわたしに移っていったのである。

　わたしも大変であったが，彼のこだわりを社会的に容認されるものに変えていこうとした。たとえば，わたしだけでは電話の対応も大変なので副担任やわたしの友人を紹介し，電話できる相手を増やした。彼に「わたしはたくさん勉強した，高校時代は家を出て暮らした。それが自分を成長させた。好きなことができた」と伝えた。結果的に彼は，宿題を持ち帰り，家でやることが増えたので悪いことをする時間が減った。そして在学中からグループホ

ームに移行し，そこから学校に通い，自宅には土日に帰るようになった。卒業し就労した後も同じグループホームから通勤している。

　母親は彼と離れて暮らすことにより，心にゆとりができて，たまに帰ってくる息子に優しく接することができるようになった。彼もグループホームの若い男性職員たちと一緒に野球を見にいくなど世界が広がった。現在は，わたしが行っていた役割を，グループホームの職員，就労先の上司や同僚が分担して行っている。今ではわたしにかかってくる電話も1ヵ月に1回程度になっている。地域の警察官，ショートステイを受け入れてくれた福祉施設，医師，同僚，友人たちが彼の特性を理解して対応に当たってくれた結果，今の彼がある。

　信州大学医学部の本田秀夫医師は「こだわりの量は変わらない，社会的に認められるこだわりを増やすことが大切」と述べている。また東京大学先端科学技術研究センターの熊谷晋一郎医師は「自立とは依存先を増やすこと」と述べている。それを実践したものであった。しかし，何日か続けて休みがあり，自宅に戻ったときはやはり不穏な空気になり，母親も恐怖を感じている。実際，仮にグループホームを出て同居が始まるとすると，もとのAさんに戻る可能性が高いと思われる。

学校現場で大切なこと

　強度行動障害にならないために学校でどのようなことに気をつけるべきかを考えてみたい。教員経験のない方にはわかりにくいと思うが，学校は授業をする以外に実に多くの事務仕事があり，授業準備をする時間がとりにくい場である。組織を回していくためには，多くの仕事を遅れることなくこなしていく必要がある。そのなかでもせめて以下のことに気をつけてほしいと思っている。

（1）アセスメントをすること

　指導するにあたってアセスメントをするのは当たり前ではないかと思うか

もしれない。しかし，多忙な学校現場では，一人ひとりのアセスメントをすることはそんなに簡単ではない。４月に新入生を迎えると同時に授業が始まる。授業が始まるということは，授業の中身や計画，一人ひとりの個別の指導計画をぼんやりとでも立てておく必要がある。持ち上がりの子どもを担任するのであれば実態はわかっているが，新入生の場合は，引継ぎ資料と一日入学の様子しか情報はない。したがってさまざまな会議や分掌仕事の合間に各種の書類を書いていくことになる。学期ごとに子どもの実態，各教科の内容・目標・指導の手立てを書き，学期末にはその評価を書く。アセスメントだけに費やす時間はとれないので，経験や勘に頼って授業を進めていく教員も多いことだろう。それでも近年は学校全体でアセスメントの研修会を行ったり，アセスメントをとる教員や心理職を配置したりしている学校も出てきている。本稿では紙幅の都合で行動観察の大切さに絞って示したい。

　①氷山モデルで考える

　子どもの行動問題に取り組むときに参考となるのが「氷山モデル」の考え方である。海面上に出ている部分が問題とされている部分であり，そのさまざまな要因は水面下にあり，そこに取り組まないと見えている部分（行動問題）は解消されないという考えである（図3-1）。海面上に出ている部分だけを見て叱ったり注意したりしても効果がないばかりか，さらに問題は大きくなってしまう。ここでは児童精神科医の門眞一郎氏のダイナミック氷山モデルを例に考えてみたい。門医師は自閉症の特性をメリハリという概念を使って説明している。「メリハリが効いている」という言葉もあるように，張っている部分と緩んでいる部分，両方あってこそよい，ということである。「不得意」な部分に取り組み「普通」を目指すのではなく，その人に適した「環境・社会」（理解と支援）を用意することで，海水の濃度を薄めていく。そのことによって氷山は沈んでいき，行動問題は表には出てこなくなる。逆に，その人が理解できない環境があれば，さらに海水の濃度は増し，氷山の見える部分（行動問題）は増えていくということである。

　若い頃の苦い体験であるが，予定が変わると泣き叫ぶ子がいた。担任は何度も優しく説明していたが，混乱はどんどんひどくなるばかりだった。そし

《社会モデル》
● 氷山全体が自閉特性
（メリハリ）
● 海面上の氷が問題行
動化した自閉症特性
（メリ）
● 理解の不適切度およ
び支援の不適切度を
海水の塩分濃度にた
とえると……

固体
（発達のメリハリ）

環境・社会（理解と支援）

図3-1　氷山モデル

て「切り替えができない子」という評価が定着していた。わたしは「何か違う」と感じながら何もできずにいた。この場合，海面上の問題は「泣き叫ぶ」ということであり，水面下の要因は「見通しのなさ」「こだわりの強さ」「話し言葉の理解の困難さ」であり，対応は「何度も丁寧に言葉で説明する」という状態であった。

　ある日，雨で水温が下がったためにプールが中止になり，国語に変更になった。確実にその子が荒れるケースであったが，わたしは彼が登校する前に，黒板に絵カードを使って説明しておいた。彼は登校してきてそれを見て，納得し荒れることはなかった。つまり簡単な日常会話は可能であったが，理解できていなかったのである。そのときの黒板をイラストで再現したのが図3-2である。

　②子どもの行動を分析する

　行動を分析するということは，子どもが何か不適切な行動を起こした場合，その前後の行動をたどっていくということである。たとえば，子どもが隣にいる子の髪の毛を思い切り引っ張ったとする。教師は引き離し，引っ張った子を叱ることになる。結果的にその子はかんしゃくを起こし，集団から離されて落ち着くまで教員が一人ついていることになる。この場合，まず髪の毛を引っ張る前はどんな状況であったかを考える。苦手な課題に取り組んでいてストレスが溜まっていたのかもしれない。誰かが叱られていて影響を受け

図3-2　絵カードを使った黒板

たのかもしれない。さらにその前の時間の様子はどうだったのか。朝は機嫌よく登校してきただろうか。連絡帳には朝の様子や昨晩の様子で変わったことは書かれていなかっただろうか。寝不足ではないか。このように行動を分析していくのである。教員は，わざとやっているとか，本当はこう思っているのではないかとか，行動を深読みする傾向がある。しかし実際には現実的な不快刺激が引き金になっていることが多い。周囲からは突然理由もなくかんしゃくを起こしたように見えるが，不快刺激が少しずつ溜まっていき，ストレスのコップがいっぱいになり，ほんの少しの刺激で爆発するということがある。早い段階で環境を整え，行動を修正し，最終的には「えらかったね」とほめて終わりたい。

（2）環境を構造化する

　子どもが学びやすい環境を作るという意味で「構造化」という言葉が使われる。本人がやる気でも環境が整っていなければ集中できない。たとえば常にグラウンドで運動している子どもたちが見えていたのでは，集中できないだろう。そのような場合は壁に向かったり，パーテーションを使ったりして刺激を遮断する必要がある。また，黒板の周りにたくさん掲示物があると気が散ってしまう子どもの場合は，できるだけ黒板の周りはスッキリとさせておきたいものである。かんしゃくを起こしやすい子どもの場合は，落ち着く場所を用意する必要がある。これらの工夫を物理的構造化と呼ぶ。

　また，構造化で大切なこととしてスケジュールが挙げられる。いま何をしているのか，終わったら次は何があるのかなど，予定がわからないと不安である。ここで大切なのは，スケジュールは個々の実態に応じたものであること，そして変更される場合があるということを教えておくことである。一日の予定を示すこともあれば，半日の場合も，次の活動を示すだけの場合もあ

写真3-1 環境の構造化の例

る。伝え方も文字だけではなく，絵や写真，使う教材そのものを示すなど多様である。提示方法も教室に貼る，本人が持ち歩く，教員が持ち歩きその都度提示するなどがある。

　そして，ワークシステムという考え方がある。この勉強はどのようにするのか，どれくらいやるのか，終わったら何をするのか，などが目で見てわかるようにする工夫である。たとえば，左の棚に教材があり，それを自分で取って机の上で課題を行い，右の箱に片づけるなど，一連の流れがあると子どもは理解しやすい（写真3-1）。

（3）一人でできる課題を探すこと

　特別支援学校は施設と比較して人的に豊かであり，子どもの状態によっては一対一の対応がとれることもある。そのせいか，手や口を出しすぎる教員が多いような気がする。人的にゆとりのあるときこそ，教員は子どもを見守り必要なときに支援するという姿勢が，その子の自立性を育てるうえで大切なことである。

　施設での相談では，一人で過ごすことができず，不適切な行動を起こし，職員が来ざるを得ない状況を作り，叱られて一連の行動が終わるというパターンをもっている人がいる。学校では友だちと一緒に何かを成すことがよしとされるが，一人で過ごせる力をつけることもそれと同じくらい大切である。

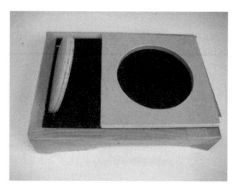

写真3-2 円形のはめ板を取ってはめる課題

将来の趣味にもつながっていくが，パズル，描画，陶芸，工作，料理，何でもいいが好きなことを見つけることも，学校時代にやっておきたい。

　学習においても，一人で課題を準備して実施し，片づけることによって，「自分はできる」という自己肯定感を高めていく子どもたちをたくさん見てきた。このような課題を自立課題と呼ぶ。自立課題は知的に重度の遅れのある子どもでも可能である。写真3-2は，円形のはめ板を取って，はめるだけの課題である。あとは隣にある箱に入れておしまい。これだけでも本人は，きっちりはまった，自分でできたという心地よさを感じる。あとは本人に合った色，形，音，数字，文字等，さまざまな要素を取り入れた自立課題を作成してもらいたいと思う。いくつかの自立課題を一人で行えるようになると，自己効力感が高まり，その力は将来の就労にもつながっていく。

（4）コミュニケーション能力を高めること

　発語がなく文字の読み書きも困難な子どもの場合，本人の気持ちを表情から読み取ることは限界がある。教員によって解釈に違いも出てくる。うまく気持ちを伝えられないストレスは想像以上であろう。このことが荒れにつながることは間違いない。つまり何らかの方法で自分から要求を伝えてもらうことが一番たしかなわけである。施設でも本人の自己選択，自己決定を大事にしようとしている。この人は屋内にいたいのか，散歩に行きたいのか，ど

写真3-3　PECS®の使用例

こか痛いところがあるのか，何が食べたいのか，そうしたニーズを理解することがその人らしく生活することである。自傷や他害をすることで不快や要求を表現するのではなく，認められる方法で自発的に表現することを学校時代には学んでほしい。言葉だけに頼らず，文字，絵，写真，身振りサイン，実物，そのほか何でもその人がわかるものを使って伝えてほしい。

　その方法の1つとして，わたしはASD児だけではなく，コミュニケーションに課題をもつ子どもにPECS®（絵カード交換式コミュニケーション・システム®）やVOCA（音声表出機器）を使ってきた。行動障害のある生徒にPECS®を教えて，行動が改善された事例をたくさん経験している。発語がない場合，言葉でいろいろ聞かれることは大変ストレスがかかるものである。たとえば給食時に「おかわりする？　ごちそうさまする？　おなかいっぱい？　減らす？」と毎回聞かれることに対してもストレスが溜まる。それよりはPECS®を使って「○○がほしい」「○○を減らしてほしい」が表現できれば楽しい給食時間を過ごすことができる。写真3-3は実際に他害のある子どもに使ってきたPECS®である。現在はタブレットを使ったものが開発されている。

　ちなみに，先ほど事例で紹介したAさんもそうであるが，発語があるASD児の場合，言葉で長々と説明したり注意したりする教員が多いが，実は聞き取りやすい部分だけ頭に残り，それで判断していて意味が正しく伝わ

っていないことがある。短くはっきりと大事なところを文字や絵を描きながら示したほうが理解しやすい。

おわりに

　落ち着かない環境で，自分に合わない課題が与えられ，理解できないコミュニケーション方法でかかわられたら，子どもは自傷・他害・器物損壊という形でストレスを表現してしまう。

　幼少期の子どもの成長は目覚ましく，その延長で学校では苦手を克服するための指導が展開されていく。しかし，実際は早めにトップダウンで教えたほうが無理がない。よくある例として，小学部から足し算を勉強し始め，高等部でも同じことをやっている場合がある。早めに電卓を取り入れたほうが自己肯定感が低くならずに済む。ある福祉現場の職員が，わたしに「子どもは壊された状態，つまりマイナスの状態で福祉に来る」と語ったことがある。わたし自身，小学部から高等部までの教員を経験し，得意な部分を伸ばす，苦手な部分は楽しく学ぶ，わかる学習がたくさんあるからこそ，多少努力が必要な学習にも取り組もうとする意欲が湧く，ほめられる経験がたくさんあるからこそ注意されることも有効となる，これらのことを実感している。そうすると学校の常識からはみ出ることがある。学校には学校の文化がある。しかしASDにはASDの文化がある。学校は個の集団である。個に応じた支援はその人の人権の問題であり，学校文化に勝るものと考えている。

第4章

強度行動障害の予防につながる
家族支援と地域啓発

荻野ます美
自閉症啓発キャラバンSwing

予防につながる支援とは

　「強度行動障害」という言葉を初めて耳にしたのは，2006年夏，アメリカ・ノースカロライナ州TEACCH部視察研修でのことでした。故・佐々木正美先生が，移動中のバスのなかで穏やかにきっぱりとお話ししてくださいました。

　「不適応行動とは，彼らが起こしているのではなく，支援する側が彼らに適応できていないから起こるのです。日本でいわゆる『強度行動障害』と呼ばれている人たちがいらっしゃいますが，こちらが彼らに合わせれば，当たり前ですが，不適応行動は起きないのです」

　当時の私は最重度知的障害を伴う自閉症の息子の激しい行動に辟易し，この先どうやって育てていったらいいのか，途方に暮れていました。仲間とともに立ち上げたNPO法人で行っていた障害福祉サービス事業（ヘルパー派遣や児童デイサービスなど）は順調に進んでいましたが，自分の子どもへの対応はなかなかうまくいかない状況でした。

　そんななかで，ワラにもすがる思いで参加した視察研修でお聞きした佐々木先生のこの言葉は，私の胸に深く突き刺さりました。いろいろ工夫して精一杯やっているのに，息子の奇想天外な行動は私のせいだというのです。息

子に「合わせる」とはどういうことなのでしょう。私は先生に，養護学校に通っている息子のことを地域の方たちに知ってもらうために，居住地校で交流したり地域行事に積極的に参加したりしていることをお話ししました。すると，先生は静かに，しかし，厳しくこうおっしゃいました。

「その交流を，息子さん本人が望んでいるのですか？　私にはそうは思えません。望んでいるのはお母さんでしょう？」

その言葉を聞いて，私は先生の前で人目もはばからず大泣きしてしまったのです。もちろん，私は地域の小学校での活動が息子にとってはさっぱりわからないものだと知っていました。しかし，地域の方たちに息子のことを理解してもらうには，無理してでもやらないといけないのだと思い込んでいたのです。先生のおっしゃる「合わせる」というのが，多数派の価値観を一方的に押しつけることではなく，相手を尊重し，対等にやりとりする（対話する）ことなのだとわかるまでに，私自身はずいぶんと時間がかかってしまいました。しかし，現在25歳の自閉症の青年としてまっすぐに育った息子を見ていると，このときの先生の言葉が真実であったことを実感します。「よかれと思って」多数派の文化に無理やり放り込んでしまったことは，本当に失礼な振る舞いだったと反省しています。

自閉症の子どもを授かると，たいていの親は奈落の底に突き落とされ，そこから這い上がるために「フツーの子に近づけたい」と「矯正」に励み始めます。この「矯正」は，「合わせる」ことの対極にあります。この子を治そう，フツーにしようというかかわりが，佐々木先生のおっしゃる「不適応行動」ひいては「強度行動障害」へとつながっていることは，自閉症支援にかかわっていれば，おそらくたいていの方が実感されていることでしょう。しかし，自閉症の子どもを授かった親は違います。IQの数値が○○ないと通常級には入れないからと，発達検査の項目を調べて事前に繰り返し練習させたり，足し算くらいできなかったらこの先困るからと，夜中の2時まで算数プリントに取り組ませたりしてしまいます。それが本人ではなく親である自分が望んでいることだと気づかずに，「子どものためによかれと思って」そうしたことを押しつけてしまっているのです。

なぜ親は「矯正」しようとするのか

　私は自閉症者の親ですが，現在の仕事は相談支援専門員でもあり，専門家や支援者の方たちと交流したり勉強したりする機会が多くあります。

　ある研修会のグループワークで，子どもが自閉症と診断された母親が，父親にそれを話すことができず，自分自身も「きっと間違いだ」と思い込もうとする，という事例について話し合う機会がありました。参加者は全員福祉職で，講師から出された課題は「この事例の何が問題なのか」というものでした。事例のなかには子どもと両親以外の登場人物もいましたので，「お姑さんの理解がないこと」「父親が協力的でないこと」「周囲の人たちの自閉症への理解がないこと」など，さまざまな意見が出ました。そして，みなさんが一様に言われたのが，「何といっても，母親が子どもの障害と向き合えていないことが一番の問題」というものでした。すべてのグループから同じ意見が出ていました。この事例で母親が障害と向き合えていないのは事実です。しかし，それは母親個人の問題なのでしょうか。「自閉症はよくないもの」「障害は悪」という世間の価値観にも原因があるのではないでしょうか。そういった世の中の風潮が，子どもが自閉症であることを母親に否定させる一因となっていると思うのです。

　それはそうだとみなさんは思われるでしょう。しかし，世間の価値観の問題は脇に追いやられ，ふたをして見ないふりをして，親個人に原因を求めることがとても多いのが現状です。それは，世間の価値観などそう簡単には変えられないし，考えたところでどうにもならないから，ということかもしれません。しかし，それは障害と向き合えないことを家族のせいにしていい理由にはなりません。家族支援にかかわる支援者は，常にこのことに自覚的であってほしいと思います。

　また，一見受け入れている（障害と向き合っている）ように見える年齢を重ねた親たちも，決して「すっかり受容している」わけではありません。親の会などでごく普通に語られることですが，世間からの白い目に耐えながら，明るく元気に障害児を育てているフリをしているほうが，世間受けも支援者

受けもいいからそう振る舞っている，という方は意外に多いのです。私自身，奇想天外な息子の行動の理由がわかって，すんなり受け入れられる部分もありますが，やはり社会生活をしていくうえでは壁を感じることも多く，そのたびに「みんなと同じ」へのアコガレが再浮上し揺れ動いてしまう，というのが素直な気持ちです。親が考え方を変えるだけでは何ともならない現実があります。

　以上のように，強度行動障害を予防するためには，親の考え方だけでなく，世間の価値観も変えていく必要があります。具体的にどんなアプローチが有効なのかについて，私自身の実践も踏まえながら，家族支援および地域啓発の２つの観点から述べていきたいと思います。

「何とか育てていけるかも」と思える瞬間

　私の所属するNPO法人ゆう（愛知県豊川市）では，指定管理者制度に基づき，発達が気になる２〜３歳のお子さんと家族が一緒に通う市の親子通園施設を運営しています。今年で11年目になります。

　保健センターの健診事後教室から親子が紹介されてくるのですが，初回の見学時には，不安と悲しみと焦りと怒りが入り交じった表情をされている親御さんが多いです。「こんなところに来たくなかった」という心の叫びが聞こえてきますし，実際に「どうしても通わないといけないのですか？」とおっしゃる方もいます。そう感じられるのは当然のことです。親子サークルなどに通って，３歳になったら幼稚園や保育園に通うものと思っていたのに，１歳半健診で「発達がちょっと気になる」と言われ，事後教室ではじっとしていない子どもを追いかけ回してヘトヘトで，ようやく６回通って無罪放免かと思ったら，今度は「施設」に，しかも毎週行けと言われ，「うちの子，何かあるの？　これからどうなるの？　誰か助けて」と頭が大混乱しているなかで，通いたいと思えるはずがありません。また，「ここに通えば言葉が出るようになりますか？」「通ったらほかの子と同じようになりますか？」と尋ねる方もいます。おそらく，健診や事後教室などでほかの子と違ってい

る点やできない部分を指摘され,「あそこに通ったら伸びるわよ」と言われて見学に来られているのでしょう。「みんなと同じが一番」「障害は悪」という文化のなかで,「ちがう」「遅れている」なんてもってのほかで,「あってはならないこと」ですから,「少しでも『同じ』になるなら通うけど,そうじゃないなら通いたくない」と思うのはごく自然なことです。

　当法人の親子通園では,まずは親御さんのお話をすべて肯定的に聴き,これまでの子育ての頑張りをねぎらうことから始めます。そして,通園経験のある同じ立場の先輩母（メンター）たちが茶話会などで若い通園児の母の不安に共感し,本音をいっぱい引き出してくれています。通園のスタッフからは「茶話会の前と後では母たちの顔が全然違う」「メンターさんが入ってくれることで,保護者が子育てに前向きになるのが早い」といった感想をもらっています。先輩母たちの研修は毎月行っていますが,通園施設という専門スタッフがいる場での親の活動ですから,お子さんへの具体的な支援内容については言及しないことをルールにしています。やることは「共感・傾聴・情報提供」と,親御さんが通い続けることができるように応援するという立ち位置で通園スタッフへの橋渡しをすることです。

　そして,合い言葉は「先輩風を吹かせない」です。親同士であれば必ず癒やされるということはまったくありません。同じ立場の親だからこそかえって傷つくこともあります。当法人の通園児の母ではありませんが,「しゃべれるんだから,こんなとこ来る必要ないんじゃない？」と言われて「来たくて来てるんじゃないわよ」と思ったとか,「うちは小さい頃から絵本の読み聞かせをしっかりしてきたから,座れるし,おしゃべりもできるようになったのよ」と言われて「それでできるようになるんだったら苦労してないわよ」と思った,といった話はとてもよく聞きます。ただでさえ近所のお子さんと比べて落ち込むことが多いのに,同じ立場の親から突きつけられる「ちがい」や「差」は,言いようのない怒りと悲しみを増幅させます。研修を受けた先輩母が入ることで,そのような無用な傷つき体験を少なからず防ぐことができています。情報提供のなかには,公的な支援体制に関することだけでなく,先輩母自身の経験談も含まれますが,その際も,それがすべてと受

け取られないように，必ず複数の事例を出すように心がけてもらっています。
自分が通園中に先輩母の言葉に励まされ，勇気づけられたからと，卒園後に
メンターとして手伝ってくれる先輩母たちのおかげで，通園当初は表情の硬
かった母たちの笑顔が確実に増えていき，子どもへのかかわり方も柔らかく
なっていきます。

　また，運営当初から取り入れているペアレント・トレーニングをはじめと
する定期的な学習会で子育てのコツを学ぶことも，通園児の母たちの気持ち
を楽にしています。たとえば，「子どもの困った行動を書き出して，そのと
きの子どもの心の声を想像する」というワークをしたり，子ども役になって
ロールプレイすることで，子どもの気持ちに気づき，それまでの一方的な対
応から子どもに合わせた対応に変えていく親御さんはたくさんいます。親の
かかわり方が変われば不適応行動は一気に減りますから，叱ったり怒ったり
する必要もなくなるので，子育てはぐっと楽になります。

　卒園までに，母たちが漠然とでも「ほかの子とちょっと（かなり）違うけ
ど，でも，やり方はあるんだな。何とか育てていけるかも」と思えることを
目指して取り組んでいますが，入園当初「来たくなかった」と言っていた母
たちのほとんどが，「通ってよかった」と笑顔で卒園していきます。市が指
定管理者制度で委託している施設のなかでは，毎年満足度が一番高い施設に
なっています。

「自閉症」に対する世間のイメージを変えるために

地域交流

　視察研修での佐々木先生の一言で，本人の望まない地域交流に意味はない，
それどころか本人にとってはマイナスにしかならないと悟った私ですが，そ
れでも地域との交流は必要だと考えていました。人は，目の前にいない他人
のことは考えないものです。山を越えた遠くの養護学校に通っている息子は，
何もしなかったら「この地域にいない人」になってしまいます。この地域に
住む小学生の一人として認知してもらうために，息子のわかるもの，好きな

もので交流することに方向転換しました。

水遊びが大好きな息子のために，娘の通う小学校のPTA主催でマスつかみ大会を企画し，当時わが家で養殖していたマスを学校前の川に放して，全校児童でつかみ取りをしました。食べることはわかりやすいし大好きなので，夏のバーベキューや流しそうめん大会，収穫祭などには積極的に参加しました。一方で，文化祭や音楽発表，運動会といった，本人が興味がなかったりわからない行事には参加しないことにしました。「障害があってかわいそう」「気の毒に」「大変だな」と思われることは本人の評価を下げることにつながるので，いいことは1つもありません。地域行事に参加する・しないは本人の意思にまかせる，無理して頑張らせる必要はなく本人が楽しく参加できるものだけでOK，という当たり前のことに，意外と気づかないものです。

息子が学区運動会の30m走に参加した際には，スタートからゴールまでロープを張り，息子はロープに通したラップの芯をつかんで走りました。地域の方たちは「あーすりゃ，こうくんもまっすぐ走れるんだのん」と感心していました。普段の息子の奇想天外な行動からは想像もできないカッコイイ姿だったようです。私のアイデアではなく，養護学校での徒競走をそのまま真似したものでしたが，地元小学校の6年生たちが積極的に協力してくれたのでとてもうまくいきました。小学2年生の自閉症の息子が保育園児の30m走（お菓子つき）に参加して大きな拍手をもらったこの日の出来事は，まさに息子と地域との対等な形でのやりとりだったと感じます。

本人が楽しく参加できそうなものやみずからが望んだものに，カッコよくスマートに参加できるようお膳立てするのが親や支援者の腕の見せ所です。頑張るところを間違えず，対等な交流を目指したいものです。

啓発キャラバン

息子と街に出かけると，急に飛び跳ねたり言葉ではない声を発したりするので，とても目立ちます。このとき，振り返った人の目が「びっくり目」なのは気になりません。誰でも通常と違う動きや音には驚くものだと思うからです。しかし，そのなかに「白い目」や「同情の目」が混じることがありま

す。それらの目は私たち親をとても苦しめ，ともすると，その原因を自閉症のある本人に向けてしまうことがあります。「あなたがそんな声を出すから」「もう，飛び跳ねないでよ」という思いは，先に述べた「矯正」への道につながります。世間の目はとても怖いものです。

　そんな世間の白い目にうんざりしていた頃，神奈川県座間市のキャラバン活動を知り，2007年の1月から5人の仲間とともに自閉症啓発のためのキャラバン公演を始めました。開始当初は自閉症がまだ「心の病」と誤解されていたので，正しく知ってもらいたいという思いが強く，「知ってほしいな，自閉症のこと」「わかって，発達障害」といったキャッチコピーを使っていました。その頃のアンケートには，「たいへん」「かわいそう」「手伝ってあげたい」という感想が混じることがありました。私たちは，「白い目」が「温かく見守ってくれる目」になってほしいと願って活動していたのに，どうして「かわいそう」になるのだろうと何度も話し合いました。その結果，「わかってほしい」「知ってほしい」という一方的なメッセージに対してのお返事が「たいへんですね」だったのではないかと気づいたのです。ここでも，対等なやりとりになっていませんでした。そこで考えたコピーが「自閉症って，こ〜なんです！」というものです。期待するお返事としては「へ〜，そうなんだ。知らなかった」です。とても対等な感じです。このコピーに変更した年の定期公演への参加人数は，前の年の5倍に増えました。

　公演ではメンバー全員の子どもの苦手なことや得意なこと，現在の様子などを具体的に紹介しています。障害者にあまり馴染みのない小中学生や一般の方たちに，障害のある人も普通に生まれて普通に育ち，当たり前に大きくなっていくことを，何とな〜くふわっと感じてもらえればと思っています。ここも一方的な押しつけにならないように常に気をつけているところです。「キャラバンの人たちは，子どもが自閉症なのに，僕のお母さんと変わらないからびっくりした」という小学5年生の率直な感想は，障害を身近なものとして感じてもらうきっかけになれたことを実感させてくれました。また，疑似体験や紙芝居風のお話のなかで，「その行動をするのにはわけがある」ということを丁寧に伝えています。公演に参加してくれた小中学生や一般の

方たちが，何かの折に，ぴょんぴょん飛び跳ねたり独り言をつぶやいている人に出会ったとき，「何あれ？　変なの」と感じるのではなく，「ああ，そういえば……」と思い出してくれたら，それで十分なのです。

　猟奇的な殺人事件などで犯人が自閉症であるという報道がされると，世間の人たちは「自閉症＝殺人を犯すかもしれない」という図式で受け取りがちです。報道後に不安になった親御さんから「うちの子を犯罪者にしないために今から厳しくしておかないといけないですよね？」「犯人が持っていた○○というゲームをうちの子もしているのですが，やめさせたほうがいいですよね？」といった相談が続くことがよくあります。まったく根拠がないにもかかわらず，「世間のうわさ」は本人や家族を苦しめ，「矯正」というよくない方向に駆り立てます。そのため，障害当事者である有名人がテレビや書籍などでカミングアウトしたり，自閉症や発達障害のことを正しく紹介する番組が放送されると，当事者家族にとっては勇気づけられることが多いのです。キャラバン公演でも，障害名を公表されている有名人を紹介したり，書籍や映画の紹介をしていますが，世間がもっている「自閉症」に対するネガティブなイメージが少しでもポジティブなものに変わってほしいと願って草の根の活動を続けています。

外出支援

　行動援護従業者養成研修（行動援護ヘルパー養成のための研修）の初日に，私がいつもお話ししていることなのですが，外出支援を主な業務としている行動援護ヘルパーは，行動障害のある方を地域に紹介する「歩く広告塔」です。一見して重い障害があるとわかる方が，さまざまな配慮（行動援護）のもとでスマートに地域で活動している様子をできるだけ多くの方に直接見ていただき，「何か怖いと思ってたけど，そうでもないみたい」「ちょっと変わってるけど，やることは普通かも」と思ってもらえるように事前準備をして臨んでください，とお願いしています。

　私自身，息子と外出するなかで，多くの気づきや学びがありました。散歩中に，近所のおばあさんが丹精を込めて世話していた咲いたばかりのチュー

リップを，息子が目にもとまらぬ早業でバキバキと折ってしまったことがありました。あまりにも申し訳なくて，菓子折りをもって謝りに行ったのですが，おばあさんは「毎日歩いててえらいのん」とねぎらってくれて，翌年はチューリップは石垣の上に移され，道端にはたくさんのマーガレットが咲き誇り，「いくら取ってくれてもいいのん」と言ってくれたのです。この地域に住んでもいいよ，と言ってもらえたような気がして，本当にうれしかったことを覚えています。買い物練習をしていたお菓子屋さんでも，数年単位でできることが少しずつ増えている息子に対して，「最初はどうなることかと思ったけど，できるようになるもんだねぇ」と言われたりもします。

　目の前で見ることで，地域の人たちの意識は確実に変わります。ぜひとも，全国各地の行動援護ヘルパーさんたちには，地域啓発，社会を変える意識をもって外出支援をしていただきたいです。

「自閉症でOK！」な世の中を目指して

　20年前，夫の仕事の関係でアメリカに滞在していたとき，近所のスーパーでアルバイトの学生と談笑しながらレジを担当していたダウン症の女性（今思うとペアでやっていたのですね。ほかのラインは一人でしたから）や，マクドナルドでフロアの掃除をしていた知的障害のある男性は，本当に楽しそうに働いていました。周りから温かく見守られている空気感がありました。この国なら自閉症の息子も生きていけるかもしれないと思ったものです。

　日本の教育や福祉もこの20年でずいぶんと変わりました。障害のある人たちへの地域での支援体制が整い，地域で必要な配慮を受けながらごく当たり前に生活している障害のある人たちがどんどん増えてくれば，診断告知された親の奈落の底からの立ち直りも今よりずっと早くなるでしょうし，「矯正」に励む親もぐっと減るだろうと思います。

　いわゆる「家族支援」と呼ばれるさまざまなサポートと並行して，社会を変える視点をもって，地域社会やかかわるすべての人たちと対話しながら，「自閉症でOK！」な世の中を目指して活動し続けていくことは，地道では

ありますが，強度行動障害の予防に確実につながっていくと考えます。

　自閉症のある子どもを授かった親たちが，子育ての早い段階で本人に「合わせる」ことの大切さに気づき，かかわるすべての人たちが本人に「合わせた」対応をしていくことで，誰も強度行動障害の状態になることなく，その人らしく成長していける，そんな世の中に早くなってほしいと切に願っています。

協力：自閉症啓発キャラバンSwing，NPO法人ゆう，NPO法人愛知県自閉症協会・つぼみの会，TEACCHプログラム研究会愛知県支部，川崎医療福祉大学自閉症特別講座
参考：But He is Beautiful（http://npoyou.sakura.ne.jp/koumama14/index.html），DVD「自閉症の子どもたち─バリアフリーを目指して」一般社団法人日本自閉症協会

立場を超えて対話しよう！

門 眞一郎
フリーランス児童精神科医

新井豊吉
児童相談所保護係心理療法専門員／文京学院大学大学院非常勤講師

荻野ます美
自閉症啓発キャラバンSwing

吉川 徹
（司会）

自己紹介

吉川　今回，「対話」がテーマの１つであるこの本の企画を練るにあたって，思春期以前の年代のパートでどなたに執筆をお願いするかを考えたときに，領域間の対話を意識しやすくするために，いろんな領域に越境して活動されている方にお願いしてみたいと思いました。門先生は私と同じ医師ですが，医療機関の診療だけでなく療育全体にかかわっておられて，療育技法の普及啓発にも積極的に取り組まれています。新井先生は特別支援学校で教員をしてこられ，大学に移ってからは教員養成にもかかわっておられます。荻野さんは当事者の親御さんであり，福祉施設で，領域をまたいだ支援のカギを握る相談支援専門員をされています。私自身は医師ですが，発達障害者支援センターの仕事などもしています。今日は，「越境すること」を念頭に置いて座談会を進めていけたらと思います。はじめに場を温める意味でも，みなさんから一言ずつ自己紹介をお願いいたします。

門　門です。私は先日73歳になり，臨床を退いて４年が経ちました。私が児童精神科医になった頃，児童精神科はマイナーな領域でした。そういうところであれば自分も仕事ができるかもしれないという甘い考えで入ったら，あれよあれよという間に「発達障害ブーム」が起きて，メジャーな領域になり

びっくりしていますが，それは高機能の人たちに目が向けられるようになったことが大きいと思います。それまでは高機能の人は4人に1人だといわれていたのが，逆転して4人に3人になってきました。その間，私は高機能の人たちの支援方法を紹介してきたのですが，自分の退職が近づくにつれて，子どもの頃から何十年も入所施設にいて帰る家がない人，知的障害や自閉症の重い人，なかには強度行動障害の判定を受けている人，そういう人たちが取り残されているという思いを抱くようになって，ここ数年は強度行動障害に関する活動に力を注いでいます。4年前，退職した翌日に「西陣麦酒ビール」の販売を開始しました。生活介護事業所に通う人たちの仕事として，何か新しいものを開拓したいという思いで始めたのですが，うまく軌道に乗って，コロナ禍にもかかわらずオンラインショップではかなり購入していただいています。自閉症の人にかかわっている多くの人たちが注文してくださっているので嬉しく思っています。

新井 新井です。私は大学で特別支援教育について学び，その後も特別支援教育にかかわってきました。特別支援学校には小学部から高等部，高等部の専攻科まであります。専攻科には，数は少ないですが，高等部を5年間かけてやるという考えの学校もあります。さらに福祉施設のスーパーバイザーもやってきましたので，小1から20歳までの子どもたちが特別支援学校を卒業後，どういう生活をしていくかを見届けてきたことが私のとても大きな財産になっています。近年は大学で発達障害学生の支援にもかかわっていて，知的に遅れのない人への対応の難しさを感じています。

荻野 荻野です。私は重度知的障害を伴う自閉症の息子を育てています。1997年から夫の仕事の関係でアメリカに住んでいて，息子の診断はそこで受けました。まだ支援費制度が始まる前の2001年に日本に帰国しました。当時は，子どもが受けられる障害福祉サービスがほとんどなくて，これでは子どもを育てていけないと思い，手探り状態だったときに，社会福祉基礎構造改革によりNPOでも福祉サービスが提供できることがわかり，同じ境遇の親御さんたちと一緒に2004年に法人を立ち上げ，サービスを提供する事業をスタートしました。当時からABA，TEACCH，PECSを取り入れればうまく

いくことがわかっていたにもかかわらず，なかなか浸透していかないもどかしさのなか，勉強会をしたり，地域啓発をしたりといった活動を始めて，現在に至っています。

　私の息子は，支援学校高等部で不適応を起こし，3年の夏に退学しています。そこからやり直し，10年たった今は穏やかに過ごしていますが，環境が非常に重要であることを実感しています。不適応を起こしたときに親が対応できなかったら家のなかはぐちゃぐちゃになります。家族が幼児期からのかかわり方のコツを学んでおけば，多少不適応を起こしてもうまく対応できるのではないかと思い，それが，現在の家族支援につながっています。

吉川　みなさん，ありがとうございました。遅ればせながら私も自己紹介をさせていただくと，私は高校生の頃に，児童精神科医になると決めて医学部に入ろう思ったところからスタートしています。途中，腎臓内科に浮気したりしましたが，結局こちらに戻ってきました。当時は不登校の子どもの診療を何となく想像していたんですが，大学で研修医をやっている頃に杉山登志郎先生に愛知県自閉症協会の学齢児のキャンプに誘われたあたりから人生が変わって，自閉スペクトラム症の方の診療や支援にかかわるようになりました。その後いくつかの病院勤務を経て，現在の愛知県医療療育総合センター（旧・愛知県心身障害者コロニー）に移りました。ここは知的障害の方の入院専用病棟があって，強度行動障害のある方の診療にかかわる機会が増えたこともあり，この領域のことを勉強しながら今に至ります。同じ組織のなかにあいち発達障害者支援センターがあり，そこでの業務を兼任していて，行政的な仕事もいくらかしています。

水面下の思いをめぐって

吉川　みなさんの原稿を読ませていただくと，強度行動障害と定義されるような行動にはそれぞれに機能，それが始まったり続いたりしている理由や目的があって，そこに着目することが大事だという点は，共通して強調されていると思いました。「行動の機能に着目する」ことの必要性について，改めてお話しいただけるでしょうか。

荻野　私は，お母さん向けの勉強会では「氷山モデルシート」や「ストラテジーシート」を使っています。最初は，お子さんについての困りごとがいっぱい出てきます。叩くとか，いなくなるとか。それを1つずつ書いてもらってから，困りごとの前段階として，どんなときに怒っていたのかなど，事前の状況を書いてもらいます。その後，お子さんのアテレコをする，つまり心の声を書いてもらいます。行動の下にある，「これが欲しい」とか，「これは難しいからやりたくない」といったことです。水面下にある心の声に気づく練習をたくさんして，どんな目標を立てるか，それにはどういう準備が必要か，今できることは何か，考えるきっかけにしてもらっています。

門　ただ，その「心の声に気づく」というのは，ある意味では危険だと思うんです。こちらが推測するわけでしょう。厚労省の意思決定支援ガイドラインにもあるんですけど，こちらが推測するところに最後は行き着いてしまいます。その前にやるべきことは，本人から伝えてもらうということなんです。こちらがよかれと思って推測したことが当たっていることもあれば，全然ピント外れということもある。推測以前に，本人から表出してもらう工夫と努力をこちらがしなくてはいけないと思っています。

吉川　そこは大事なところですね。でも実際問題，本人が表出の力をつけようとしても，現時点ではそこは表出できないとか，なかなか難しい部分が残るかと思うんですが，その部分はどうしていけばよいのでしょう。

門　いくら本人に表出のためのスキルを教えていても，全部表出できるとは限らない，それは私たちでもそうです。本当の思いを確実にいつも伝えられるとは限らない。吉川先生が今，どういう意図で発言されているのかも，本当のところはわからないわけです（笑）。

荻野　お母さんが，その行動は子どもの表出なのだと気づけることが重要だと思っているんです。たいていの子どもは，自分の思いをうまく伝えられない場合，叩いたり，逃げたり，不適切な行動をとってしまいますよね。シートを使うのは，「これが言いたかったのね」ということに気づいてもらうためなんです。子どもが上手に表出できるような手段を教えるための重要なステップだと考えています。今使っているストラテジーシートは10年くらいか

けて改良して，現在バージョン3になっていますが，使いやすくなっていると思います。

吉川 ストラテジーシートも工夫されてだんだん盛り込みたいことが増えていくし，そのほうが次につながると思いますね。

学校現場の課題

吉川 新井先生，「行動の機能に着目する」構えというものは，学校の先生にはどれぐらい普及，定着していると感じられますか。

新井 私は今日，学校文化について語りたいと思って来たんです。教員はとかく評判がよくないですが，なかにはとても良質な教員もいて，その人たちの代弁をしたいと思っています。先日，私のもとに届いたある教員のLINEの文章を読みますと，「胸を痛めながら見えないふりをしなくてはいけない。自分の手の届くところだけは何とかしていきたい」。つまり，学校には子どものいろんな特性に配慮しない教員がたくさんいて，それを見て胸を痛めている。せめて担任をしている自分の生徒は守りたいという切実な声なんですね。そういう教員が，みなさんが主催されているような研修会に土日を使って参加しています。そしてそこで「学校の先生はダメだ」と責められるんですね（笑）。非常にまずいサイクルになっています。

　学校の教員を育てるには，管理職と教育委員会を育てないとどうしようもないんですよ。子どもの特性を理解しない教員も，特性を理解して支援している教員も，管理職にとっては同じで，たとえば生徒を言葉で責めてパニックを起こさせる教員も，管理職から見ると普通の教員の一人なんです。

　新任の教員が特別支援教育について学んでいるとは限らなくて，特別支援学校に赴任してから学んでいくことが多いです。授業が始まると学習指導要領に則って進めていき，行事もあらかじめ決まっています。教員は何とか子どもをその流れに乗せようとするわけです。でも，行事自体，参加することに意味をもてない子どももいます。一部の教員はそうしたことに課題を感じて，研修会に出席したり，先ほど紹介されたようなシートに取り組んだりするわけです。これではいけないと気づいた教員が学んで，行動の機能に着目

してそれを身近な教員に伝えています。でもそれは一部の，非常に良質な教員なんです。子どもに寄り添い，学校のなかで孤立せず，しかも自分で発信していける教員はめったにいないのが現実です。そういうスーパーティーチャーを求めるのではなくて，多くの教員が子どもに合った支援ができる学校を目指さないといけないと感じます。

吉川 そういった良質な先生の考えは，どうやって周囲に伝わっていくものなのでしょうか？　「身近な教員に」とおっしゃられましたけど，口コミというか，身近なところで広がっていく感じでしょうか。

新井 そうです。たとえば私が自閉症の研究会に参加し始めたのは，佐々木正美先生が横浜にいらしたときなので，40年ぐらい前になるでしょうか。特別支援学校は複数担任が多いので，相方を誘って同じ研修会に行きました。そして「自分たちは間違ってなかった」と思うけれど，学校へ帰ると打ちのめされる（笑）。また研修会に行って「仲間が全国に散らばっている。頑張ろう」の繰り返しでした。理解者や出版物も徐々に増えていますが，現場は実質的にあまり変わっていない気がするんです。学校は言葉がすべてで，教員は生徒に言葉でわかってほしくて，どんな重度の障害があっても，心を込めて語れば思いは通じると思っています。「そうじゃない」と言うと「なんて冷たいことを」と言われてしまう。きちんと理論とエビデンスをもって説明することが必要だと感じています。

　それと，私は保育園や幼稚園のスーパーバイザーもやっているんですが，保育園にも当然，発達障害のお子さんがいます。保育園の行事は非常に厳しくて，保育士が子どもに怒鳴って演技を教えているのを見て驚いたことがあります。行事でお母さんたちにいかにいい演技を見せられるかということで必死なんです。小学校に入る前から行事指導が始まっています。保護者もそうしたことを期待せず，もっと自分の子に適したことをやってほしいと言ってもらいたいです。

荻野 うちの法人では保育所等訪問支援事業をしているので，保育園や幼稚園に訪問する機会が多いんですが，発達に課題のあるお子さんが行事に参加する場合，訪問支援員は，保育園の先生方に，子どもにとって意義のある活

動だけ参加させようと提案することがよくあります。またお母さん方には，みんなと同じように全部参加するよりも，できる部分だけをやって達成感をもてたほうがいいというお話をします。お母さん方のなかには，最初から最後まで全部参加させたいという方もいらっしゃいますが，年中・年長になると，本人が達成感をもてるような形で，運動会とか生活発表会などに参加したほうがいいと，だんだんわかってきます。今はここの部分だけやらせて，それ以外は他の教室で自分の活動をして，できるところだけすっと出てくる，そしてみんなにほめられて終わるので，本人のいい経験として残っていくから，そのほうがいいことがわかってくるんです。お母さんへの説明や心のケアも必要ですし，先生方も孤独なので「先生のやられていることは大丈夫です」と言ってくれる人が必要ですよね。センスのいい先生もいらっしゃいますが，たいていは孤軍奮闘して疲れ果てています。そうならないよう訪問支援員が園長先生に説明して，「実はこういう理由でやっていて，これでいいんです」とお伝えしています。本来は児童発達支援センターがやるべき保育所への訪問支援を民間のNPOがやっているのはあまりよろしくないですが，先生と親御さんだけでなく福祉・医療も一丸となって，先生と親という対立関係ではなく間に誰かが入ることによって，丸く収まるということが今までに何度もありました。

吉川　学校の外側からの支援も大事ですね。

　先ほど，新井先生は，学校がエビデンスを取り入れていければいいとおっしゃいました。ただ外から見ると，学校は根拠のある方針や技法として整理されたものを取り入れていくのが苦手なのではないかとも感じます。あまり学問の権威で動くという感じではないですよね。

新井　難しいですよね。地域差もありますし。東京だとTEACCHは，どれだけ正しく伝わっているかは別としてそんなに抵抗は受けないですが，福井でTEACCHという言葉を出したら「横文字はあまり好きではない」と言われて（笑）。なんでなのかよくわからないんですけど，情緒的な育て方が中心になっているからでしょうか……。

　システムが変わって個別指導計画も作られるようになったし，自閉症学級

ができたり，「社会性の学習」ができたり，なんとなく表面上は変わっているんだけれど，スーパーバイズに行って言われる内容はあまり変わっていない。人の顔を見て返事しないといけないとか，挨拶ができないといけないとか，嫌いなものも食べられるようにならないといけないとか。どうしてかな。

吉川　そのあたり門先生にもうかがってみたいのですが，先生の長いキャリアのなかで，学校ってわりと変わってきたと思われるか，それともあまり変わっていないと思われるか，いかがでしょうか。

門　変わっているところもあるけど，変わらないところもあって，一言で言うのは難しいですね。

　私はたまに教員の研修会の講師に呼ばれることがあるんですが，いくら冗談を言っても笑ってくれないんですよ（笑）。偏見かもしれないけど，教員は勤務の枠内の研修しか受けたくないのかなと。ただ，マンツーマンで講義をしたことがあるんです。私が診ていた子どもの支援学校の担任が，あるときPECSを使ってくれたんです。担任が１年ごとに替わるものだから，翌年以降の担任はそれができなくて，PECSのコミュニケーションブックは教室の片隅にあるけれど全然使われていない状況でした。その担任を放課後に呼んで，私が通常行うPECSの講演をマンツーマンで１時間半行いました。その教員はその後，PECSのワークショップを受けに行ってくれました。それ以降の担任教師にも講義をしましたが，ちゃんとわかって，頑張ってやってくれました。けれど教師集団に向かってしゃべってもあまり伝わらない。

新井　たとえば，PECSの研修を学校全体でやると，教員のなかで関心のある人とない人がいますよね。それでも，たとえば校長からのお達しで，今年度から３年間PECSの研修をやるとなったら，効果はあると思われますか？

門　あると思いますね。私は数年前から京都市立の某特別支援学校に，PECSのスーパーバイズに年に数回行っているんです。教室で実演する場面を指導しているんですけど，３年前に校長になった方は理解があって，私が行ったときにも付いてきて撮影をして，その日のうちに学校のホームページに掲載されるんです。それを見て他の特別支援学校の保護者が，うちの学校でもやってほしいと言って，別の学校からも依頼がありました。

新井　僕が管理職にならなかったのは，管理能力がないのが一番なんですけど，現場で理解者を増やしたいという思いが強かったからなんです。でも一人ひとり広めていくのはやっぱり時間がかかるんですよね。乱暴な指導をする教員は，それではダメだという上からの圧力がないと変わりません。そのためにはABA，PECS，TEACCHという考え方もあるということを教員に知らせていかないといけないと思います。

荻野　私は親であり，やっているのがNPOなので，さまざまな立場の人たちが集まってきて，今回のテーマでもある「対話」がかなったのかなと思っています。法人を設立してすぐに，PECS，TEACCH，ABAの理解を深めていきたいと，地域学習会を始めたんですが，児童精神科医，作業療法士，言語聴覚士，特別支援学校教師，保健師，親御さんが6畳二間に20〜30人集まっていました。地域学習会は，さまざまな職種の支援者と親が対話できる場になるので，とてもよかったと思っています。

新井　そうですね。それと，いろんな教員が昔のように対話できるようになればいいと思いますね。特別支援学校の教員は，特別支援の専門家ではなくて，小学校や高校に行きたかった人，部活動で甲子園を目指したかった人など，いろんな人がいるんですね。「僕は発達障害には関心がない」と言った先生もいたくらいで。でもそれが認められる世界が学校なんですよ。強度行動障害で知的に重度の障害がある自閉症の人が特別支援学校では多いので，その人たちの理解を中心に，管理職を含めて対話することが必要だと思います。学校にパソコンを導入してから教員がパソコンに向かうようになり，書類が増えたので，話し合いがだいぶ減ってしまった気がします。

吉川　今，教員の働き方改革の流れがすごく大きくなっていますね。書類や事務作業を減らすなど，子どもたちの利益になりそうなところもある一方で，研修など，自分のスキルを高めるための努力が職務外の扱いになってしまうとしんどいですよね。先生方の働きやすさの問題と強度行動障害の予防は，どんな方向に向かっていくのがよいのでしょうか。

新井　私が研究主任のときの学校は運動会をなくしたんですよ。行事が一番負担だったんですよね。その代わりに，普段の体育の時間を見せることにし

たんです。だから何の準備もいらない。体育館でやるので，雨天中止にもならない。私自身は，文化祭とか運動会はやりたい子がやればいいと思っています。楽しめる子もたくさんいるでしょうから，希望する子がやればよくて，やらない子は見学したり，通常授業をするグループがあってもいい。そういう形で，負担のないようにできないかと思っています。原稿にも書きましたけど，行事に対する教員のプレッシャーはすごいんです。保護者の期待が大きいからだと思いますが，うまく参加させられないと力のない教員だと同僚からも思われてしまうんですよね。みんなの前で生徒に泣き叫ばれるのは嫌じゃないですか。だから保護者も管理職も，無理せずにやれることをやればいいというスタンスでいてもらえると楽だと思います。

「みんなと同じ」から脱け出すために

吉川　荻野さんが原稿のなかで「なぜ親は矯正しようとするのか」と書かれていたのが印象的でした。先ほどの行事に対する親御さんの期待というお話にも重なると思うのですが，そのあたりはどうやって解きほぐしていけるものなのでしょうか。

荻野　行事にうまく参加できないことは恥ずかしいという周りからのプレッシャーのなかでお母さんたちは子育てをしています。世の中のみんなと同じであることが素晴らしいという雰囲気がお母さんたちを追い詰めていると思いますね。いくら「できるところだけの参加でいいんだよ」と言っても最初は納得できません。それでも，お子さんの変化を見ると，お母さんたちも変わっていきます。泣き叫んで，園や学校に行きたくないと言っていた子どもが，わかる環境のなかでできることをしていくと，こんなに笑顔が増えるんだとか，こんなにかわいく思えるんだと実感できると，こっちのほうがいいと思えるんですね。

　祖父母と同居されているご家庭では，支援級なんてとんでもないと言われて無理やり通常級に入れられてしまい，その結果，子どもが大変な苦労をすることも多いです。私たちが相談に入り，家族ぐるみで話をして，通常級に籍を置きながら支援級を体験していく。そうすると子どもはそちらのほうが

学びが多いから，生き生きとしてくる。子どもの変化を見ると家族の考え方も変わることが多いので，そうしたことを体験させられる教員がいれば成功する事例がたくさんあると思います。学年ごとに担任の先生は替わるので，就学前から小学校にかけて伴走していく相談支援は有効だと思います。小学校高学年，中学生になると対応が難しくなるので，支援は早ければ早いほどいいですね。

新井 私は今，港区の児童相談所の心理士をしていて，一時保護所に所属しています。一時保護所に措置される子どもの大半は，知的に遅れのない発達障害の子です。港区は高級住宅地で裕福な家庭が多いです。そこで措置されてくるということは，勉強させすぎの教育虐待なんですよね。子どもに無理やり勉強させようとして家庭内暴力に発展して，措置されてくるんです。もう少し生活スキルの向上にシフトしていいと思うんですよね。子どもたちが日常生活上の行動がきちんとできないのは，教科指導に偏りすぎているからかもしれません。それは特別支援学校も同様で，コミュニケーションとか社会生活にもっと重きを置いてほしいです。

吉川 学校は日常使うコミュニケーションがあまりテーマにならないですよね。

新井 日本の社会の問題なんでしょうか。できるだけ知的に伸ばして，生活介護よりはB型の事業所，B型よりはA型，可能なら就労移行につなげたい，それが幸せだという感覚がどこかにあるような気がします。そうではなくその人が一番適した場所で過ごすことがいいと私は思っているんですけど，無理してでも社会的に認められるところに届かせたいという思いが根っこにあるのかもしれないですね。

荻野 先日，あるお母さんから相談があったのですが，お子さんは重度の知的障害がある自閉症で，行動援護の対象児です。今まで離れて暮らしていたけれど，祖父母と住むことになって，ヘルパーとお子さんが一緒に家の周囲を散歩しようとしたところ，祖父母から「障害のある子をわざわざ見せびらかして歩かなくてもいいじゃないか」と言われたそうです。私は，お母さんが連れて歩くよりも，ヘルパーと散歩したほうが「いい世の中になったね」

と緩やかに見てもらえることが多いとお話ししました。親が連れて歩いていると「大変そう。お気の毒に」と思われてしまいがちです。でも元気なお兄さんが一緒にいると，温かく見守ってくれる人が多いように感じます。親は，すごく大変でも，同情の目で見られるのはつらいから，冷や汗をかきながら笑顔で子どもを連れて歩いているんです。ヘルパーという第三者が支援に入ることでお母さんが楽になりますし，地域でサービスを使いながら暮らしている人という認識も周りに広がります。私は行動援護従業者養成研修では必ず，ヘルパーさんは「啓発」の二文字を背負っていると思って支援してほしいと伝えています。地域とコミュニケーションをとっていくことが大事だと思います。

知的能力にかかわらず大切なこと

新井 医師である門先生と吉川先生のご意見を聞かせてください。今まで知的に遅れがある人の行動障害について語ってきましたが，私がかかわっているなかで知的に高いけれども問題行動をする人がいて，どう考えていけばいいのかと思っています。いずれも自閉症の方なんですが，一人は何かトラブルがあると窓から飛び降りて大けがをする。もう一人は一般就労していますが，お母さんが具合が悪くてもまとわりつく。家を出て暮らしたほうがいいと提案すると家で暴れる。理屈はわかる子たちだけれど，いずれも人を振り回すんですね。こだわりなのか，発達障害プラス何か別のものを抱えているんでしょうか。

門 いずれも高機能の自閉症なんですね？　今はDSM-5の診断基準が唯一絶対のようになっていますけど，私はローナ・ウィングの考え方に近いので，対人想像力の問題が大きいと思うんです。高機能の自閉症の人で，自分がある行動をとったときに周囲がどう考えるのか想像力が及ばなければ，そこを視覚的に伝えていくことが大事です。私がお勧めするのはソーシャルストーリーズ™を使う方法で，視覚的に構造化してソーシャルな情報を伝える。高機能の人ほど周りは言葉で説得しようとしますが，自分の行動が社会から見てどういう理解をされるのか，自分は当たり前だと思っていることが世間的

には当たり前ではないということを，視覚的に理解してもらうことが大事です。

吉川　もう1つは，自閉スペクトラム症の枠のなかだけで考えるのか，もう少し幅広く考えるのかですね。行動の理由を推測するときに，周りを振り回すと言われたんですけど，振り回そうと思って振り回しているのか，やったことの結果周りが振り回されているのか。身近な人や社会に対して敵意や壊してしまいたいという気持ちがどれぐらいあるのか，自分の将来に対してどれくらい危機対応しているのか，投資をしたいと思っているのか，自分の体の安全を守る気がないのか，いろんな状況がかかわってくるのではないでしょうか。自分で話される場合もあるし，自分で自分がよくわからない状況もありますから，行動から推測するしかないんですけど，なぜその行動が繰り返されるかに結局戻ってしまうんです。考えていく，教えてもらえる範囲で教えてもらうということなのかなと思いますね。

新井　自分が理想とするところはあるけど，そこに自分が追いつかない感情があるみたいで，結果的に周りを振り回すことになっているようです。たとえば「死んでやる」と言って飛び出す。実際車にぶつかることはないだろうと思っていたら，ぶつかってしまったので周りは腰が引けてしまって……。

荻野　愛知県にはホームフレンドという制度があって，大学生ボランティアが不登校児の自宅に話し相手として訪問するんですけど，それで外出できるようになった事例もあります。本人が自信をもたないとうまくいきませんね。家族のかかわりが重要になってきます。家族が学校のことを問い詰めると子どももお母さんも追い詰められていくので，それを少しずつ解きほぐしながら大丈夫だと伝えていきます。たとえばお父さんが休日に外食や釣りに連れ出すのも効果があったりしますね。

新井　重度の行動障害の人たちは，飛び出したり，かみついたり，自傷したりが多いと思うんですけど，知的に遅れのない大学生で亡くなった方がいて，家で包丁を持ち出したりとか，自分や人を傷つける能力があるので，とても問題だと思っているんです。

吉川　知的能力障害がある人とない人の行動の問題は全然違うものだと考え

られてしまうんですが，そうではなくて共通する部分があるんですよね。同じやり方で対応できる部分と変えていかなくてはいけない部分があって，それが現場の支援として広がりきらない印象があります。

新井　共通しているのは，無理なことを無理な方法でやらせているということですよね。

吉川　動機づけに関することで，やる気になるポイントが多数派の人とは違うというのは知的能力の高い人も低い人も共通する部分なので，そこを考えに入れてかかわらないといけないとよくお話しします。無理なかかわりを積み重ねていくことで生活も社会も人も嫌いになって，敵意を抱いてしまうのはもったいないなと思います。

新井　福祉施設や成人施設を見学させていただくと，落ち着いてはいるんだけどどこか無気力というか，自立課題を一日中やっているんですよ。それは幸せなのかなと思うことがあります。それをやっても報酬がないというか。さんざん暴れてきたから，職員は今がベストだと思っているけれども……。

門　私は臨床から離れているから今の経験では言えないんですけど，自立課題の使い方は曲者だと思っています。本人にとって意味があるのかどうかが大事で，普通は課題や作業をしたらそれなりの報酬がもらえるんですよ。それは本人にとって意味のあることで，そういうものを抜きにして，これをやっていれば問題行動を起こさないという使い方は，大きな問題だと思います。

新井　僕が見学したところは自閉症の支援を謳っている専門の施設です。成人の方々が入所されているんですけど，やっている自立課題の1つは幼児向けのパズルで，毎日やっているからボロボロなんですよ。積んでは壊すの連続のようなもので，落ち着いてはいるけど何かが大きくずれている。これが専門性と言われるとどうなのかと感じているんです。

吉川　ぜひ特別支援学校で身につけていただきたいのが，課題と報酬の関係を理解すること，そして報酬のために課題を行うことを自分で選ぶコミュニケーションスキルです。それが学齢期から日常に組み込まれていたらいいと思うんですよね。

新井　これが難しいところで，僕は外れた教員だったから，たとえば学校で

自分のお小遣いでお菓子を買ったりしたけれど，相当叱られるんですよね。食べ物はとてもわかりやすくて，「この作業が終わったらみんなでチョコ1個ずつ食べよう」でもいいんですけど，学校で食べ物を扱うことに抵抗のある教員もまだまだ多いです。

吉川　食べ物は今，コロナでますます扱えなくなっていますよね。食べ物以外で何か，日常使いできるような強化子があるといいんですけどね。とにかく，物事を選べないことやただ働きなどの危うさがもう少し知られてもいいと思います。

門　報酬と結びつかないまま，同じ自立課題を繰り返すのはおかしいですよね。仕事で毎日同じ製品を作る場合でも，それは給料が入ってくるから意味があるわけで。何も得ることはなく，ある課題ができるようになったら，もう二度とする必要はないわけじゃないですか。別の課題とか，もう一段階レベルアップしたものに進んでいって成長してもらえばいいけれど……。

新井　学校じゃなくて社会福祉法人だから，工夫次第でいろんなことができると思うんですよね。

荻野　生活介護だったら自立課題の後におやつを食べたり，好きな活動をするのが一般的だと思いますが……。自立課題は本人がモチベーションをもって取り組めて，達成感が得られて，自己肯定感が高まるものであってほしいです。形だけが一人歩きしてしまっているのはとても残念なことだと思います。

子どもの最善の利益に向けて

吉川　家族，支援者含め，普通であるべきだとか，言われたことはやるべきだとか，思われてしまいやすいんですが，いろんなことを本人に合わせて変えていかないといけないと思います。どうすればそのあたりが緩んでいくのか，そこが共通する課題でしょうか。

門　最終目標から考えるということが1つあると思います。その子が大人になって最終的にどういう生活を送るのがいいかを考えて，そこに向かって今必要なことをやっていく。最終的には自分ができる範囲の仕事をして収入を

得る，親から離れて自立した空間で生活する，かつ生活の質はできるだけ高くするということが目標になるので，そこに向けて考えていたら，強制とかみんなに合わせるとかは論外でしょう。今，隣にいる子どもと比較して考えていたら，「みんなと同じように」という発想になってしまうわけですが，横並びで比較する問題ではないと思います。

　学校では，12年の間，1年ごとに担任が替わることがよくありますが，個々の担任にとっては，1年間何とか無事に過ぎればあとは次の先生にお任せ，という考えになってしまうのではないでしょうか。将来のことを見据えて，その子にとって今必要なことは何かを考えるべきだし，強度行動障害の予防で一番大事なのは，12年間でコミュニケーションスキルをしっかり身につけてもらうことです。とくに「対話」になるようなコミュニケーション。学校はとかく一方的で，生徒は先生が言うことを理解して黙って行動してくれたら，それが一番いいという発想でしょう。生徒からどうコミュニケーションをとっていくかがおろそかになると，実力行使で伝えようとして，強度行動障害に発展していくのではないでしょうか。

吉川　今の小学部の先生方は，生徒が高等部を卒業した後の暮らしのことを見聞きしたりする機会はどれぐらいあるんでしょうか。1年ごとのクラス替えは構造的なものですが，それを補うためのOJTや事前の教育などは……。

新井　正直，小学部，中学部，高等部でいったん切れてしまうのが実態ですね。高等部になったら就労に向けての支援が中心になるので，小学部の人にとって高等部は別世界だと思います。門先生がおっしゃったように，小学部のときから子どもの意見とか，子どもが選択するということを大事にしてほしいですね。それは教員からすると，次の授業にすぐ移れないとか，一人ひとりの意見を聞いていたらまとまらないという話になりがちですが，実際やってみると，合意するのが早くなるので結果的にはクラスの運営がうまくいくことが多いです。これはやってみないとわからないことです。小学部のときからやらないと，高等部になっていきなり自分で決めろと言われてもできない。小学部のときは子どもが小さいから教員が力で動かせてしまうので。アセスメントをしっかりと行い，その子の特性に合った支援方法が明記され

た個別指導計画を作り，その意味をきちんと引き継ぐということでしょうかね。PECSをやると書いてあったらやる，その教員が学んでいなかったら学びに行ってそのお金も学校が補助する。書かれていることがいいことだったら尊重する。ただ，いいことではないことが書かれていることも多いから，それは修正しなくてはいけないですね。

吉川 遠い将来ではなくても，中学部から小学部，高等部から中学部，小学部へのフィードバックも案外少ないように感じますね。小学部1年から，今やっていることが高等部3年につながっていると意識しやすい仕組みを作っていけるといいのかなと思います。

新井 基本的に，子どもの最善の利益は何かを考えてもらいたいです。それが抜きになると，将来就職するためには高等部でこういうスキルを学ばなければいけない，我慢する力をつけなくてはいけない，高等部に行くと厳しくなるから中学部でも少し厳しくしておこう，中学部に行くと厳しくなるから小学部でも……そういった発想ではなく，その子の幸せを考えないといけないんです。

門 新井先生にお聞きしたいんですけれど，特別支援学校の教員は全員が特別支援学校教諭の免許をもっているわけではないですよね。少なくとも免許をもっている人は，ABAの教育を大学で受けているんですか。

新井 免許もいろいろな取り方があって，大学で資格を取った人は授業で受けていると思います。ただ多くは教員になってから講習を受けているので，内容は薄いかもしれませんね。

門 ABAの知識は基本的になくてはならないものだと思います。私は医者だから言いますけど，医者もABAの知識がなかったら話にならないですよ。私の頃は大学の授業にABAは出てきませんでした。ABAの知識をもたずに医者になって，強度行動障害の人を診察するようになったときに，できるのは処方箋書きくらいです。薬で何とかしようとすることしか手がないんですね。そういうことになったら不幸だと思うので，精神科医もABAをちゃんと学んで，それを活かしながら，それに加えて，ここでは薬も使おうか，というならいいと思いますね。これしかないという薬の使い方をされると大変

ですよ。

新井 一人ひとりのABAを考えていくと，子どもによっては授業の枠組みを壊す感じになるんですね。ただ，特別支援学校は枠組みを壊せるようにできていて，自立活動を中心に一日を組むことは可能なんですよ。管理職と周囲の教員の理解があれば，実質的にその子に適したプログラムをやろうと思えばできることを教員にぜひ知ってもらいたいです。枠組みのなかに何とか合わせようとすると，門先生がおっしゃったように，教員は「薬を飲ませれば枠組みにはまる子になるのではないか」という発想になって，環境調整を最初にやらなくなる。ABAをしっかり学べば環境調整をするという方向に構造的になっていくんですけど，学校の枠組みをいかに壊していくか，その子に合ったものにいかに変えていくか，そこの実践が大事だと思います。

荻野 2014年に障害者差別解消法ができてから，相談員の立場で学校に合理的配慮のお願いができるようになりました。福祉の側からは希望を感じます。うまくいかないことも多いですが。

吉川 合理的配慮については，合理的配慮のための話し合いを始めましょうという枠組みなので，まずは対話のきっかけをたくさん作って，きっかけがあれば応じていただくのが大事かなと思います。合理的配慮の考え方を出発点に，医療もそうですが学校でも取り組みを進めていただきたいです。

新井 良質な教員のフォローをしておくと，朝から帰りの会までずっと子どもに付いていて，みんな疲弊しているんです。トイレから食事介助から，ずっと子どもを見て，たまに暴れたりもするわけです。それを毎日やっているので，いい教員は病んでいくことも多いです。それに，いい人ほど，周りの教員の強い指導を見て，「こんな世界にはいられない」と言って辞めていきます。そういう良質な教員を何とか救っていかないといけないと思います。

吉川 外からの応援も大事ですね。

　それでは最後に，本日の座談会の感想やまとめ，強度行動障害と対話というテーマに関して一言ずついただければと思います。

門 強度行動障害の行動の機能には，獲得機能や逃避回避機能がありますが，これらは要するにコミュニケーション機能ということになります。そこをど

う支援するかは予防と治療に直結するわけで，そのコミュニケーションが対話にならないといけない。一方的に伝えるだけではだめで，コミュニケーションの理解面と表出面との両方を支援することが大事です。理解面に関してはずいぶん進んできていて，代表的には視覚的構造化ですが，表出面が遅れているので，これからもっと力を入れてほしいところです。

新井 今日参加させていただいて，いろいろな対話が大事だと感じました。特別支援学校の教員や管理職，医師や施設職員といった人たちが，集まってそれぞれが本音で対話すると，とても面白いと思いました。

荻野 私は親の立場として，強度行動障害の状態になる可能性がある子どもを育てている親御さんたちがしんどくならない世の中であってほしい，本人と家族がとにかく幸せになってほしいです。強度行動障害という言葉は嫌いなんですが，それにスポットが当たることはいいことだと思っているので，残念な状況が少しでも減ることを願っています。

吉川 本当にそうですね。みなさん，本日は長時間お付き合いいただき，ありがとうございました。

思春期～青年期

第 5 章

対話を止めるな
人権侵害が行動障害を生む

樋端佑樹
信州大学医学部子どものこころの発達医学教室／かとうメンタルクリニック

自閉症，強度行動障害との出会い

　地方の精神科病床をもつ総合病院の精神科で勤務する普通の精神科医であった私が，自閉症，そして強度行動障害の方と出会ったのはいつごろだろう。

　医学生のころから私には「医療を通じて社会をよくしたい」という漠然とした思いがあり，いわゆる地域医療なるものを志向していた。農村医療で有名な信州の佐久総合病院で初期研修を行ったが，そこの小児科とリハビリテーション科合同による発達外来でのデイキャンプで自閉症児に出会ったのが最初だったように思う。まだ今のような児童発達支援などもほとんどなかった時代である。デイキャンプでは発達外来に通院する自閉症の子どもたちに研修医や看護学生がマンツーマンでつき，体育館に作業療法士などが用意したさまざまな遊びのブースで遊んでいる間に，親は研修を受けて勉強し，交流するというものであった（思い起こせば日詰正文先生の講義であった）。その事前準備のための学習会で，自閉症のことやTEACCHプログラムが支援の主流であることなどを発達外来の小児科のドクターに教わった。

　その後，リハビリテーション科の後期研修で，脳血管障害や背髄損傷などの中途障害の方のリハ，高次脳機能障害の方の社会復帰支援，在宅医療などに従事したが，思うところがあって精神科に専門を変え，徐々に，大人の発

達障害の方，思春期の方もたくさん診るようになった。成人期に近づき主治医を求める知的障害の子どもの親からも徐々に診療を頼まれるようになったが，すでにさまざまな二次障害や行動障害で大変な状況の方も多かった。しかし，どうかかわればよいかわからず，忙しい日々のなかで学ぶ機会も少なく，独学での徒手空拳の対応であった。

　あるとき，地域の相談支援員，保健師，発達障害支援の専門員に囲まれ，養護学校を卒業したあと在宅で生活している強度行動障害の方の家庭が大変な状態なので助けてほしいと，入院での治療を頼まれた。それも医療の役割かと思い，入院を引き受けてみたものの，初日から大荒れで，一時避難のための緊急入院だったはずが，こんな状態では診られないと地域の支援者は手を引き，入院期間はズルズルのびていった。

　精神科病棟というのは統合失調症やうつ病の方が患者層の中心で，自閉症に関してはスタッフには知識も経験もほとんどない。刺激の調整や構造化などを試みようにもハード的にも難しかった。彼らとどのようにコミュニケーションをとっていいかもわからず，窓ガラスは頭でぶつけて割られ，壁紙はすべて剥がされ，近づくとメガネをひねって投げられ，便で遊ぶ，トイレは詰まらされるといったことが続き，スタッフもケガをし，ほとんどの時間，隔離や拘束をせざるを得なかった。「もう無理です。いつまで入院させるんですか？」とスタッフからは突き上げられ，「お薬で鎮静して動けなくするしかないのでは？」と同僚に言われ，限られた保護室を占拠し経営にも資さないため，複数の精神科病院を転々としつつ専門施設への入所を待つことになった。そのときはまだ，どこか遠くの専門施設に行けば，きっと行動障害はよくなり，そこを幸福に過ごせるのだろうと思っていた。認知症の行動・心理症状とは期間や記憶様式が，治療抵抗性の統合失調症の困難事例とは薬物への反応や支援者との関係性がまた違うのが印象的であった。こういったケースが続き，いったい何が起きているのかということに興味をもつようになった。

なぜ強度行動障害になるのか，何ができるのか？

　自閉症に関してはTEACCHプログラムという素晴らしい実践がすでにあり，発達障害支援法も特別支援教育も始まり，早期から医療での診療がされてきた。それなのに，なぜこうも二次障害や行動障害になるのか。それまでに，何がされてきて，何がなされなかったのか。それぞれの時期にどんな支援が必要だったのか，思春期～青年期に強度行動障害が多いのはどうしてなのか。強度行動障害になった人はどういう経過をたどるのか。他の地域ではどうなのか。次々と疑問が浮かんだ。

　ちょうどわが国の発達障害の第一人者である本田秀夫先生が近くの信州大学子どものこころ診療部に赴任されたと聞き，ぜひ学ばせていただきたいとお願いして，つかせてもらった。しかし大学病院は地域からは遠く，重度の知的障害のある方や，今困っている強度行動障害の方にはかかわれなかった。とはいえ早期からの予防的なかかわりを知ることができたこと，二次障害なく成長し，目立つことはないがおだやかに暮らされている発達障害の方の姿を知ることができたこと，学会や研究班などを通じて全国に知己が得られたことは収穫であった。本田先生は「自分がかかわってきた人で強度行動障害になった人なんて見たことないけどなあ」とおっしゃっていた。今後は予防的介入も進み，適切なかかわりがなされて育つ方も増え，激しい強度行動障害や二次障害の方は減っていくだろうと期待される。しかし，地域にはまだまだ支援からこぼれ落ち苦しんでいる当事者や家族がたくさんいる。

　彼らは幼少期から適切な支援がないまま苦痛と不安と混乱のなかに放置されてきた。そして逸脱行動を繰り返す彼らを，家族はどうしていいかわからず，力で押さえつけざるを得なかった。後々ささいなトリガーでフラッシュバックを繰り返し，自由を求めて全力で暴れ，それが叶わずすべてを諦めて指示待ちになり自閉していく方もいたのだと思う。

　私は仲間と情報が欲しかったので，Facebookグループ（「脱！強度行動障害」）をつくり，さまざまな職種，職域の専門職，親の参加者を呼びかけ，そこで情報を共有し，対話を繰り返して学びを深めた。そして，行動援護に

つかせてもらったり，強度行動障害（行動援護）の研修を受けたり，この領域で有名な入所施設や病院を見学させてもらったりした。一方で日々の診療や親の会，当事者会などの活動を通じ，親の語りや自分の体験を言語化できる成人当事者の方の語りから気づかされることも多かった。さまざまな専門職の乳幼児健診や保育園や小学校の巡回相談につかせていただいたり，入所や通所の福祉施設や学校，職場に訪問し，グループホームや福祉事業所の運営にかかわらせてもらったりする機会も得た。新型コロナ流行でオンラインでの研修会が盛んになり，専門的なセミナーやワークショップにも出ることができ，先達にさまざまなインタビューをさせてもらったことでも学びを深めることができた。

　そして地域の養護学校や福祉施設の御用聞きをし，自宅に訪問することが合理的なケースには訪問診療も行い，支援チームのなかで医療にできることは何かということを考え，チームに問うてきた。そうしないと医療以外の支援者一同の総意で「入院とお薬でなんとかしてもらうしかないという結論になりました」と話が持ち込まれてしまうのだ。それこそ，「当事者抜きに当事者のことを決めるな」という話である。

思春期までと思春期から

　発達の早期にその特性を見出されても，医学モデル（個人モデル）で，少数派の彼らを，周囲の人がよかれと思って多数派に近づけようと矯正するという方向で熱心にかかわるほどこじれてしまう。混乱のなかにいる彼らに拒否権や選択肢が示されないまま，強引に集団への適応に重きをおいた療育や教育がなされると，幼少期に獲得すべき人や世界に対する基本的信頼感を失い，自己肯定感は削られ，いろいろなことに挑戦できなくなり，好きなものは増えず嫌いなものばかり増え，必要な経験も積めなくなってしまうのだ。

　そして障害がある子どもにも思春期は訪れる。思春期とは，二次性徴の出現にともなってこころとからだが大きく変化し，近しい遺伝子同士の，あるいは慣れ親しんだ人への反発が強まり，本人が親離れを強く志向する時期で

ある。それまでに力で押さえつけられてくると，親より力が強くなった本人は力で反抗するようになる。そこで仕方なく周囲の人が本人に従うと，行動は激しくなり，誤学習を繰り返し，誰にも手がつけられなくなる。佐々木正美先生がおっしゃっていたことであるが，母性と父性はどちらも大切だが，大事なのは順番である。その順番の逆転が起きてしまうのである。

　強度行動障害のある方には，過敏さと理不尽な体験をしやすい，そして忘れることが苦手であるがゆえのトラウマ記憶が深く刻まれていて，過去のこともすべて目の前の支援者にぶつけてくることがある。そして親もまた世間のなかで傷つき多くのトラウマを抱えている。こうなってしまうと支援できる人は限られ，支援を受けられる事業所，使える地域資源はなくなっていく。とくに自立支援協議会など対話の場が機能していない地域だと，経済的合理性から事業所は大変な人ほど避けたがる。そして排除された人の一部は医療にたどりつき，入院をして数少ない専門施設の空きを待つことになるが，政策的にそういう施設はもはやつくられない。

　親や第一線の支援者も，熱心な人ほど孤立し，理不尽な思いをしがちである。それを本人にぶつけてしまうと虐待となるのであるが，それが極端な形で現れたのが，相模原障害者施設殺傷事件であろう。幼少期から大変な思いをして育ててきた親は，そんな社会には大事な子どもを任せられないと手放せず家族のなかで抱えるが，思春期に入り親から離れたい本人は苦しい状態を強いられる。これが家庭で強度行動障害の状態を持続させる背景にあるのだと思う。こういう構造を考えると，早期から家族を取り巻く強力なチームがないと無力であり，チーム内外での対話が継続されていないと，ババ抜きのように誰かが苦しみながら丸抱えするか，結局，自分たち以外の誰かに丸投げすることになる。チームとして生き残り，できるだけ課題を社会のなかに広く問い，開いていくことが大事なのだ。

魔法の杖はない

　たしかにお薬や構造などの力で自由を制限してすべてをあきらめて学習性

無気力状態にさせたり，年をとりエネルギーが落ちるのを待ったりすれば，スコア上は強度行動障害ではなくなるかもしれない。一見，穏やかで手がかからない受動的で指示待ちの状態になるが，これも一種の行動障害であり，休火山のようなもので，災害などの非常時や学校を卒業して社会に出るなどの変化で大荒れになったり，固まってしまったりということにつながるのである。そう考えると，強度行動障害の改善は，そもそも本人のQOLの向上をともなっていなければ意味がない。

　彼らのことをよく知るにつれ，強度行動障害は過去の哀しみ，現在の苦しみ，未来への不安があり，それを他の方法で表現して対話することができないために，状況にそぐわない行動やこだわり，ひきこもりという行動によって，状況の打開を模索し，苦しさを表現している姿なのだと理解できるようになった。

　強度行動障害を脱するための魔法の杖も薬もない。できることは環境調整と機能的アセスメントなどの基本的な自閉症の支援と，当事者と周囲の人との対話の継続であろう。早期発見と早期支援，いや早期対話こそが大事なのだ。ただ，構造化と，行動障害で対話するということはお互いに大変すぎるため，コミュニケーション支援が鍵になる。

　彼らの第一言語は多数派とは異なりノンバーバルなプロンプト，そして視覚的なやりとりである。彼らがこの社会で主体的，対話的に生きられるように，まずは彼らの世界（時間や空間）を尊重し，PECS®やコバリテ，おめめどうグッズなど彼らのわかる方法でコミュニケーションを教え，対話を繰り返し，なるべく強引なことをしない一方で，この社会で生きていくために最低限必要なことに絞ってコツコツと丁寧に伝えていくことが必要なのである。

　自閉症に対して有効なアプローチに，社会全体で包括的に取り組んでいるTEACCHプログラムや，ABA（応用行動分析）の理論を用いて絵カード交換により自発的なコミュニケーションを教えるPECS®などがある。しかし，ケースによっては親に頼れない，余裕がない，専門家がいない，事業所がないなどの状況のあるわが国において，どうすればよいのか。

支援のあり方について模索していたころ，SNSを通じて，おめめどう®の奥平綾子さんと知り合い，セミナーを聞きにいった。本人の「好き」や「得意」を活かし，あらかじめ見通しをもたせて選択肢を示すなどで，楽しく，安心でき，わかる情報環境と選択を保証し続け，本人との対話を市販のツールを用いて続けられるようにする，巻物カレンダー®やコミュメモ®などの視覚的支援ツールを使った方法である。自分でも実際に使ってみて，納得できたので「これはいい」と地元でもセミナーを開催した。TEACCHの本家のノースカロライナのようなことは一朝一夕では難しいが，これらのツールを用いて対話を行っていけばよかったのである。そして，奥平さんが主張するもう1つのポイントが，実年齢と性の尊重，母子分離の考え方である。このようにこじれないための方法論はすでにかなり確立されているように思う。

オープンダイアローグからの学びとツールの活用

　ここであらためて「対話」というものについて少し説明しておきたい。精神科領域ではフィンランドの過疎の地域で始まったオープンダイアローグという実践からも注目されているが，当事者抜きで当事者のことを決めない，相手を変えようとしない，結論や落とし所を想定しない，多様な声を共存させる，それぞれの主観をテーブルに並べみんなで眺める。そういうコミュニケーション様式である。見えていない部分が見えると，無意識であっても歩み寄りが始まる。落とし所を想定せず，対話を継続することだけで関係性の修復プロセスが動き始めるのだ。

　しかし，残念ながら，支援スキルをもっていると自負するどの職種の専門家であっても対話ができない人もいる。いい大人になった当事者をいつまでも子ども扱いし，専門性の鎧で身をかため，支援者と被支援者を，まなざす人，まなざされる人に分断し，先入観（ジャッジメント）をもって彼らに接する"支援臭"の漂う人。たとえ技法は知っていても構造化や視覚支援の檻でがんじがらめにし，選択肢を提示して本人が選ぶのを待つことができない人。そういう人たちの前で，行動障害はエスカレートする。そしてまつろう

ことのない彼らを今度は力で押さえつけようとする悪循環に陥る。本人の主体性を尊重し，先入観なく対等な人間同士として出会えるかどうか。高度な専門性より先に，本人と正面から向き合う関係性ができるかどうかということが問われているのだ。

　そう考えると，問われているのは専門性か関係性か。どちらが先というものではなく，相手をリスペクトし，相互性，対等性をもった対話が継続できているかどうかなのだろう。そして，彼らの世界に興味をもち，彼らとの対話を模索していけば，必然的に学びを求め，専門性は身についていくと思う。

　対話をするには相手に興味を抱き，知識と余裕をもって接することが必要だ。私は支援者チームのなかで医師としての立場と，「何かしてくれる人だろう」という周囲の幻想を利用し，対話を求める双方が知識と余裕をもてるようにし，通訳のようにオープンでフラットに対話ができる場をつくることに専念した。

　たとえば，大荒れで立てこもっていた本人も衝立の裏から自分の支援会議に参加し，となりにいる私と筆談や選択肢で言葉を探し，親に対する思いを直接打ち明けられたところから，周囲のまなざしが変わり，本人の主体性を尊重できるようになった。その後，家族や支援者ともLINEや筆談でやりとりするようになり，落ち着いた暮らしが維持できている。

人として対等に付き合える支援者とは

　支援者としては，社会のなかでマイノリティである自閉症の方にシンパシーと興味をもち，面白がって付き合える人が増えてほしい。講演会などさまざまな啓発活動がなされているが，「専門家の語りはどこか外から目線で，自分たちの感じていることと外れている」と，言葉を使えるASDの当事者は言う。一方，当事者の語りも一人ひとり違う。多くの人の多様な体験を聞くことのできる場が必要だ。

　ある日，評判になっていた映画『道草』が上映されるというので，隣町まで見にいった。重度の知的障害をともなう自閉症の方が，自宅でも施設でも

ない場所で，親元から離れ，重度訪問介護や行動援護などのパーソナルアシスタンスのチームに支えられた地域で暮らす様子を追いかけたドキュメンタリー映画であった。その後，宍戸大裕監督と何度かお話しさせていただいた。

『道草』のなかの支援に関しては，視覚的支援や表出支援がないことなどに関して批判もあったようだ。しかし，私には相互性，関係性に基づく対話と信頼感が成り立っているように見えた。

彼らは感覚過敏があったり社会的な動機が少なかったりして，見方・感じ方がそれぞれ違う。集団生活が苦手な彼らが施設での生活をゴールにするよりも，支援つきの一人暮らしのほうがよほど現実的に思えた。何より彼らも支援者も人間臭く楽しそうであったし，こういった実践を続けていくことで社会を変えていけるという希望を見た気がした。重度訪問介護や行動援護も市町村の財政事情により支給決定ができるか，経済的に成り立つか，地域に支援者がいるかという問題は残るのではあるが。

社会の側の課題

そんなときに長野県の精神保健福祉センター（長野市）で，多くが知的障害をともなうASDで幼少期に療育を受け，外来でフォローされていたケースを引き継いで2年かけて地域の成人医療機関へつないでいくという仕事を頼まれた。自分の主たる診療圏とは別の，有力な法人が多角的に多数の事業所を展開する他の診療圏の状況を知るとともに，多数の10代後半〜30歳前後の，知的障害をともなう自閉症の本人と親に出会った。

自分の子どもは知的障害が重度だから，自分で自分のことを伝えられない，代弁して話さないと他人には伝わらないと思っていた親も，診察室での分離を積極的にしたり，筆談コミュニケーションや絵カードなどで本人の自発性や主体性を引き出したりしてみせると驚かれた。

移動支援などで支援者と通院される方もおり，地域に良質な支援チームができ，親とは物理的，心理的にうまく離れられている方，余暇活動が充実している方，コミュニケーション方法が見つけられている方，カレンダーとス

ケジュールができている方は明らかに行動障害が少なかった。幸いに比較的時間に余裕のある外来であったため、本人とは丁寧にコミュニケーションをとり、親に対してはこれまでのお話を丁寧にうかがいつつ、子別れのグリーフワークをした。大変な思いをしながら、2人の障害のある子どもを育て、法人とともに地域を育てることもされてきた、あるお母さんの言葉が印象に残っている。

　「親の手を借りずに暮らせるようにはなった。支援者は、本人や親の思いは聴いてくれるが、提案もしてもらいたい。子どものためにも支援者には元気でいてほしい。プロに徹して、かかわる時間だけは子どもの柔らかいところを突っつくようなことはしないで、親とは別の立場があることを見せてほしい。ベースの情報だけは共有して、支援が大変なときほど、たくさんの人がかかわればいい」

　しばしば聞くことのある「この子を残して死ねない」というのは親の理屈で、子どもにとっては強烈な人権侵害ではあるが、親としても安心して子離れができるような社会状況もあるがゆえの言葉でもある。親なき後のためにも、障害のある子どもの思春期に、家族以外の依存先をどれだけ増やしておくかが鍵になる。ツールも用いて家族以外の人ともコミュニケーション、とくに表出コミュニケーションで自分の意思が表明できるように育て、十分納得して次へのライフステージに移行できるように準備していくことが大事であろう。

　とくに思春期には、親の側は自由と責任をセットで本人と支援者に移譲し、徐々に手を引いていく必要がある。自閉症の当事者の側からは境界線がわかりにくいため、周囲、とくに親が意識して境界線を引き、そこをわかりやすく示しつつ本人の主体性を尊重しながら引いていくことが大事である。そして引いていくぶん、できるならさまざまなスキルを身につけ、応援団や選択肢が増えて、本人が自分の人生を選んでいけるように支援する必要がある。こういったことができてこなかったことによる広い意味でのトランジション不全が、強度行動障害につながる大きな要因なのだと思う。

　診療の場面は短時間ではあるが、10代の10年間をかけて、親主体から本人

主体の診療に移していく工夫が必要であると考え，私の場合はかなり重度の知的障害があっても思春期以降は必ず分離の選択肢を本人に示し，選んでもらうようにしている。それが親子それぞれに気づきを促し，分離を進めるきっかけになる。せっかく医療につながっていても，親だけが本人抜きで決められたお薬と診断書を受け取りにくるなど，このことが意識されないままの漠然としたかかわりではそれが親子に伝えられない。

対話が始まり，継続できる社会に

さて，この課題と格闘していてもう１つ感じたのは，医療，教育，福祉，行政，保護者のあいだでの対話の不足による断絶である。また思春期，成人になってからかかわる人たちの声が，ライフテージ初期にかかわる支援者になかなか届かず，不十分な，あるいは不適切なかかわりを繰り返してしまうということもあった。その結果，家庭から社会への，小児医療から成人期医療への，教育，児童福祉から障害福祉へのトランジションがうまくいかないケースをたくさんみてきた。

長野県松本圏域は長野県内の他の圏域に比べて強度行動障害の方が多かったように思う。これを自分なりに考察してみると，圏域には，ある程度の規模の社会福祉法人が複数あるものの，この領域を専門として最後の砦だと自認しているところがないこと，児童や療育にも対応した事業所をもっている法人が少ないこと，入所施設は老朽化し，入居者は高齢化し，新たな若い人を受け入れる余裕がなく今の入居者を守ることで精一杯なこと，そのわりに精神科病院が多く入院医療に頼りがちであること，特別支援学校での取り組みが遅れていること，相談支援や行動支援を担える人も少ないことが挙げられると思う。

私も含め，どこか遠方の専門施設に頼ればなんとかなると思っていたが，結局のところ難しかった経験を重ねるにおよび，見えないところへ排除していく方向ではなく，さまざまな助けを借りつつも自分たちで何とかするしかないと覚悟を決めた。当事者が遠方の入所施設や医療施設に行き姿が見えな

くなるとすぐにチームの動きが止まってしまう。チームの内外に力関係，ヒエラルキーがあると対話にならない。

　しかし地域にいる強度行動障害の当事者のおかげで，職種，職域を超えたフラットな場で対話を継続する場が生まれ，プロジェクトが動き，回り始めている。専門的な事業所がないからこそ，課題をオープンにして，チームやネットワークをつくって取り組むことが必要になる。ピンチをチャンスにしていきたい。

　全国的にも，『道草』の上映会などをきっかけにさまざまな対話が生まれているようだ。コロナ禍で直接会うことが難しい期間，オンラインが盛んになったが，家から離れられないなかでさまざまな学会やセミナーなどにも参加でき，また遠方の親の会などにもリモートで参加し，対話することができるようにもなった。そして医療の分野では會田千重先生や市川宏伸先生らのご尽力で強度行動障害医療研究会ができ，学会のシンポジウムで語られるようになり，医療者も自分たちの体験を語るようになってきた。

　強度行動障害は人権侵害から生まれる。人権侵害を最小にするためには，社会のなかでの対話が増え，継続されることが何より大事だと思う。10年，20年後には，すべての人が尊重され，対話があたりまえになり，「昔は強度行動障害などというものがあったそうですね」と言われるような未来をつくっていきたい。

強度行動障害は
5日間（100時間）で改善できる

長瀬慎一

NPO法人 さるく

　強度行動障害を改善する方法論は，『挑戦的行動の先行子操作―問題行動への新しい援助アプローチ[(1)]』によって明らかになった。同時期，私も「社会福祉法人 横浜やまびこの里」の入居施設「東やまたレジデンス」にて，40名の強度行動障害のある人々と生活を共にする中で，行動障害は改善し，地域で暮らすことが可能になると実感した。強度行動障害の解決策はすでにある。**あとは地域で，現場で，実践あるのみ，なのだ。**

　しかしながら，その取り組みは座学と入院治療に留まっている。研修会や入院では何も変わらないのは明らかなのに。行動障害のある人は，般化の困難さを抱えている。般化の困難さとは，独立変数（人・物・場所・時間など）が変わると，此方ではできることが彼方ではできなくなることをさす。入院生活という地域生活と異なる独立変数下で行動障害が改善されても，退院後にその成果が持続することは少ない。南出ら[(2)]も，入院治療プログラムを退院後の福祉施設で再現すべく連携を図ったが，悪化に対する介入修正や般化が困難で，再入院に至った事例を報告している。

　では，具体的に何をどう進めるべきだろうか。筆者は，応用行動分析学に基づく積極的行動支援（PBS）を5日間の短期集中プロジェクトとして実践してきた。以下，その取り組みの概要を示す。

　①行動障害のある対象者の生活現場（施設や家庭）を訪問し，筆者自ら

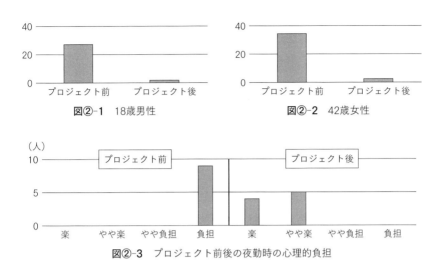

図②-1 18歳男性

図②-2 42歳女性

図②-3 プロジェクト前後の夜勤時の心理的負担

　PBSを実行し生活を共にすることで24時間以内に行動障害の軽減を図る。

②日々の生活で関与しているスタッフや家族へと移行し，適切なかかわり方を実践する。筆者は傍らに付き添い，良い点・改善点などを指導助言する。

③対象者が行動障害を起こさなくてすむよう，代わりとなる適切な行動をつくる。行動障害をなくすのではなく適切な行動を構築することにより生活の質が向上することとなる。

④徐々に筆者がフェードアウトし，5日後にはスタッフと対象者だけで生活の維持が可能となる。

　筆者が関与した近年のプロジェクト2事例の結果を図1・2に示す。図②-1は18歳の男性。特別支援学校卒業後の受け入れ先がない状況であった。図②-2は42歳の女性。入居施設スタッフが彼女への対応に苦慮，疲弊し相次いで離職する状況であった。「強度行動障害児（者）の医療度判定基準　I 強度行動障害スコア」では，プロジェクト後のスコアがいずれも強度行動障害に該当しないレベルにまで軽減した（27点⇒1点／34点⇒2点）。

　また，42歳女性を支援するスタッフ9名に，プロジェクト前後の夜勤時の心境についてアンケートしたところ，すべてのスタッフが，"負担"から

"楽""やや楽"へと変容した（図②-3）。

　このように行動障害の改善は，行動障害のある人の生活の質の向上のみで
なく，関わる人々の心理的負担の軽減や安心にもつながるのである。強度行
動障害の改善＝生活の質の向上。強度行動障害の改善策はすでにある。**あと
は地域で，現場で，実践あるのみ，なのだ。**

　［文献］
（1）ジェームズ・K・ルイセリー，マイケル・J・キャメロン（園山繁樹訳）『挑戦的行
　　　動の先行子操作―問題行動への新しい援助アプローチ』二瓶社，2001.
（2）南出耕佑，谷元広樹「自閉症の不適応行動に対する行動療法を，退院後に他機関で
　　　般化させる難しさ」『行動療法研究』40巻，218-219頁，2015.

> ## 第6章
>
> # しくじり思春期
> ## 母子分離の重要性
>
> ---
>
> ## 奥平綾子
> 株式会社 おめめどう

はじめての視覚的支援

　この原稿を書いている2021年7月は，家をリフォームして，自閉症の次男とは別棟に住んでいる。彼は来年30歳になり，思春期で大立ち回りをしてから10年。彼の希望していた「お母さん，バイバイ」がようやく形になる。思えば時間がかかったものだ。「早くグループホームでも，施設入所でもさせたらいいのに」という声も聞こえていた。そうしていたら，次男も私も楽になったのか？

　でも「お母さん，バイバイ」は，そんな物理的な分離だけなんだろうか？

　1992年生まれの次男は1995年に自閉症と診断される。私が「自閉症」という言葉を知ったのは，3歳児健診の後，要検査の知らせを受ける間に読んだ『はじめての赤ちゃん』という育児書だった。次男は，私にとって「はじめての赤ちゃん」ではなかったので，長男の出産のときに買った分厚い本を紐解くこともなかった。言葉の遅れ，多動，こだわり，記号への興味などなど，次男の奇行のすべてが書かれていて，「こういう特徴を持った子どもを"自閉症"と言います」とあった。そこで私は初めて「障害」と向き合うことになった。

　当時，図書館や本屋で見かけた「自閉症」の本は，「自分に閉じこもる症

状」という字面からの連想か，かかわり不足，愛情不足から，とにかく受容していくことを勧めるものや，逆に1日8時間訓練し続ければ普通に近づくといったもの，食事療法，テレビを見せないようにしようなど，眉唾なものが多かった。そのなかで，1980年代後半に日本に紹介された「TEACCHプログラム」が私の住む田舎にも知られてきて，診断後通うことになった「ことばの教室」のST（言語聴覚士）さんが，「自閉症はどうやら見せたほうがいいらしいんです」と話してくれた。それまで「受容一辺倒」「発話指導メイン」だったものに，「転機」がきたのだ。

　次男の様子からも視覚的支援の必要性はすぐにわかったし，迷うことなく家でも視覚的支援を始めることにした。1999年に小学校の支援学級に入学するが，居住区で初めて「スケジュール」をして入学した生徒だった。

　まだ誰も「自閉症の視覚的支援」を知らない，箱モノもソフトもない田舎で，次男にその支援をしてもらうには地域を変えていくしかないと考え，STさんや心理士さんと一緒に何十回と自閉症の講演会をした。支援費制度もデイサービスもない頃だったので，私は託児を担当。親御さんに話を聞いてほしかった。だって「視覚的支援は，家でしないと意味がない」のがわかっていたから。

　私は「パソコン通信」という言葉が使われていた時代からネットで記録してきた。「回想録」は，『レイルマン※1』に入れた「診断されるまでの話」だけで，後は，全部リアルタイムの物語である。だから，読み返すと「今なら，こんなことはしないな」ということはとても多い。「後でしくじることになるなら，あのときに，あんな生意気なこと書かなきゃよかった」と思ったが後の祭りだ。

中学校への入学と過干渉

　2004年，おめめどうを起業する。次男は小6，思春期の兆しが見え始めて

※1　幼児期・学童期の様子は，奥平綾子『レイルマン』『レイルマン2』（Kindle版），『自閉症の息子 ダダくん11の不思議』（小学館eBooks）を読んでもらいたい。

いた。でもそんなに心配していなかったのは，幼児期から視覚的支援，学童期には選択活動も始め，AAC（拡大代替コミュニケーション）を学んだことで，絵カードや文字，また携帯メールなどのツールでの発信を本人も身につけていったから。昔の書物で読んだような「荒れた思春期」じゃないはずと思っていた。

小6の卒業前。衝動的に飛び出す，参観に来ていた幼児さんを突き飛ばすなどの様子が連絡帳に書かれるようになった。唾吐きもあちこちであった。私は，ティッシュ箱を首からかけられるように改良して，それを「ペ・ティッシュ」と名づけた。今思えばチックの症状だったのかもしれない。

当時の私がおめめどうに相談したとしたら，「ハルさん」はこう書くだろう。「お子さんにストレスがかかっていますね。何か（式典などの）活動をやめるのも一考ですよ。それに，親御さん，もっと離れてください」と。視覚的支援をすることで，参加できるものは増える。けれども，まだ，筆談コミュも少なく，本人の気持ちを聞くところは甘く，「過剰適応」になっていった。

中学は，地域の特別支援学級へ。私はインクルーシブ教育を望んでいたので，小中の義務教育の間は，地域の学校へ通ってほしかったし，次男も保育所からずっと一緒の同級生と同じ学校へ行くと考えていたようだ。

入学に一番反対したのは，長男だった。彼の中3のときに，障害のある弟が同じ中学の1年生になる。思春期真っ盛りの兄にとって，「わかっているけれども，邪魔はされたくない」というその複雑な気持ちは理解できたが，義務教育の間は，地域で過ごしてほしいと私は願った。

「障害のある次男とおめめどう」中心の私は，長男にはまったく干渉はしなかった。ただ言ってきたことには，必ず対応するようにした。高校，大学，就職まで，私は何一つ口を出した覚えがない。長男は全部を自分で決め，自分でやってみて，次の選択肢を考え，すっと子離れしていったのである。

中学へ入ると，高校受験も控えている長男の暮らしに影響しないようにとも考え，どうしても次男には干渉することが増えて，「母子分離」とはかけ離れた状態になっていった。次男は，二次性徴の身体の不具合からか，「前

に歩めない」（脱衣所にうずくまる，車から降りないなど）くらい聴覚過敏が起こり，投薬に踏み切ることになった（同時にイヤーマフを装着）。お薬を合わせてもらうと，嘘のように行動がスムーズになっていった。その理由を医師に聞くと，高速道路での車の運転にたとえて説明してくれた。

「高速道路で眠くなって運転が雑になると，次のサービスエリアでコーヒーを飲んで目を覚ます。このコーヒーが薬。そして，また高速の本線に出る。そこを本人がきちんと判断できるようにルールが（視覚的に）わかりやすくなっていると，安全運転ができる。でも，何の支援もなく，ルールもわからないのであれば，雑な運転は当然続く。だから，また，次のサービスエリアでコーヒー（薬）がいるようになる。まず支援ありきで，そこに薬がこないと，結果，薬は増えていくだけ」

当時は「支援と薬は両輪」といわれていたが，今では「薬は補助輪」と呼ばれている。それくらい「基本的な手立て」が大事だということだ。

母子分離の難しさ

一時的に薬で楽になったけれども，もともとの「母子分離不全」は依然そのままだった。その「見張られている」ストレス満載の次男に，「急に激しい行動」が起こるようになる。窓からものを投げる，家具を倒す，電車に乗ってしまう，といったことがあった。そうなると，もっと「見張る」ようになり，慰めるためのドライブや食べ物やおもちゃなどが増えていく。もちろん，それで収まるのはいっときだけで，次にはもっと激しい行動になる。

当時はなぜそれが起こるのかがわからなかった。ずっとしてきた視覚的支援や選択活動，そしてコミュニケーションに，何か問題があるのだろうか？周囲の目もあり，私は不安だった。結局，一生懸命な母親が陥る典型的な例なのだと思う。熱心な親ほど，「母子分離」が下手なのだ。「私がいなくちゃ」にますます追い込まれていった。

中学がなんとか終えられたのは，「巻物カレンダー®」と「コミュメモ®」ができあがったからである（写真6-1）。筆談コミュをすることで，気持ちが

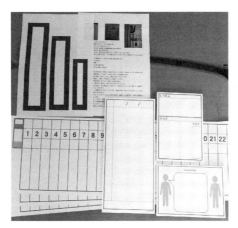

写真6-1 巻物カレンダー®とコミュメモ®

一層出せるようになったこと，「因果関係」や「理由」の説明が可能になったこと，自分でカレンダーやスケジュールを整えられるようになったことが大きい。「させる（触らせない）スケジュール」からは抜け出ていたからだ。

　でも，母から離れたい中学生なのに，母から次々に「どう思う？」「どっち？」のメモが来るのだ。どれほど鬱陶しかったことだろう。今なら，彼が「母，大嫌い」になった理由は，はっきりとわかる。でも「おめめどうを，コミュメモを知ってほしい」ばかりの私は，それをやめることができなかった。

　思春期とは，親との関係性以外のところで，自分は何者かを考えていく時期といわれている。それなのに「母子分離不全」では，親以外との関係性がもてない。たとえば，学校の先生からのメッセージ一つでも，「私が仲介」するように伝えていたからだ。

　自閉症は母子分離がとても難しい障害だ。それは，コミュニケーションに障害があるから。音声での流暢なコミュニケーションができないので，親が「代弁と憶測」をする形で子育てが行われる。「この子がこういうことをしたときは，嫌なときです」「欲しいときは，○○と言います」という具合に。

　支援側も，困ったときには「お母さん，どうしましょう？」「お子さんが

あんなことをされるのは，どういうことでしょうね」と聞いてくる。幼児期から延々と，「代弁と憶測」をしてくるものだから，そう尋ねられてしまうと，答えることがやめられないのだ。

　思春期，体も声も大きくなり，「行動障害」がみられるようになると，「本人に聞いてください」と言うのがどんどん憚られるようになり，「それは，こうだからだと思います。私のほうから伝えていきます」という具合に深みにはまっていく。

年齢相応に尊重されない

　ようやく，人の言葉を仲介をせず，直接対峙ができるようになったのは，「おはなしメモ®」ができた2006年（次男中2）。けれども，学校に持ち込むと，担任から「音楽室へ行きなさい」や「パソコンをしてはダメです」のように命令や禁止に使われてしまい，次男は「おはなしメモ®」を見るのも嫌になってしまった。

　それでも，「おはなしメモ®」の誕生で，それまで，母親の仲介で伝えていた「医師からの言葉」や「郵便局の人の言葉」などが，直接対峙で伝えられるようになった（写真6-2）。

　思春期，主に対応する母親との仲が険悪になってしまうのは，母が仲介をすることで，社会が本人に向き合わなくなるからだと思う。「親との関係性以外のところで，自分は何者かを考えていく時期」にもかかわらず，「母子分離不全」で社会性が阻害されてしまう。

　また，支援の内容については，私が「こうしてください」と頼むことが圧倒的に多かった。学校も「親御さんのほうが（自閉症には）くわしいだろうから」と頼んでくる。そのため，本人も学校でのトラブルを学校で解決することができずに，間に入っている私に解決してほしがるようになっていった。

　次男は学校であった「苛立ち」を家に持ち帰り，私に絡まってくる。私はそれを「いちゃもん」と呼んでいた。自分では解決できないので，人に解決してもらわなければならないために，ストレスがかかった状態のことだ。高

写真6-2 おはなしメモ®

　等部に進み「いちゃもん」が増えた原因は，「自分で解決できず，親に介入を頼まなければならない」ことに加え，「年齢相応に尊重されない」という状況が重なったからだった。

　それまでは地元の小中学校へ通っていたので，年齢的なことは当然，同級生に合わせていた。中学の支援学級の教室にアンパンマンが貼ってあることもない。もちろんルールも緩めではあるけれど，同級生と同じ年齢相応のものだった。

　けれども，養護学校へ入ってみて驚いたのは，年齢の尊重があまりされていないことだった。「保健室便りの表紙がパンダ」「運動会の参加賞が折り紙」「遠足のおやつが100円」。次から次へと，私にとっては「人権侵害」のようなことがやってくる。「高等部の生徒であっても，高校生なのに」。親の不快な気持ちは，当然本人にも通じて，居心地悪さを感じていったのだと思う。

　すべての養護学校・支援学校がそうだとは言わないが，どうしても障害がある子ども・当事者だけが集まっていくところでは，年齢に不相応な幼稚な対応をされることがある。そして，支援側がそのことに疑問を感じなくなってしまうこともある。

　すると，そこにいる生徒・利用者はどう感じるのかというと，「その年齢でいい」「そうするもの」になっていくのだ。親御さんが可愛さゆえに幼い

キャラクターをあてがうとそれに同一保持が起こり，本人がそれ以外には抵抗を示すと，余計に周囲は年齢不相応の対応になる。卵が先か鶏が先かだ。

相談でよくある「一緒にお風呂に入る」「一緒に寝る」もそうだ。本人にとってはそうしたくないにもかかわらず，同一保持から「そうするもの」が続いていく。けれども，思春期は本能的に離れたい時期なわけだから，親子関係に「不穏」や「緊張感」が生まれる。

「エスパー」の罠

おめめどうで話す「人は，扱われる年齢の振る舞いをする」ということは，思春期以降の行動や暮らしにものすごく影響していく。

息子は，高等部1年はかろうじて通ったものの，2年の5月からは半ドン，夏休み後9月からは不登校，そして11月に退学（中退）をする。その退学届には，本人の字で「先生がしっぱいするのがイヤです」と書いてある。「失敗とは何か？」を後で尋ねると，「先先言わない・繰り返さない・真似しない」と話してくれた。それはどれも，本人の年齢に合った扱いではなかったということだと私は思った。

退学したときには，原因の多くを「学校のせい」と考えたのだが，これが後々，見事に，自分に返ってくる。お母さんの「失敗」が許せないという形になって。実は彼の言う「失敗」は，もっと奥が深かった。

中退をして在宅になってからしばらくは，学校のストレスがなくなったために，いちゃもんは減っていったので，やれやれと思った。しかし，それは束の間だった。在宅になると離れる時間が極端に減ってしまったことで，日常はどんどん窮屈になっていった。ヘルパーさんに来てもらい，おめめどうのアルバイトをしてもらうなどしてしのぎながら過ごしていたが，やはり「母子分離不全」からの不適応が起こってしまう。つまり「許せない失敗」だ。

自閉症・発達障害・知的障害の子育ての大変さは，「コミュニケーションがとりにくい」ことにある。何を考えているのかがわからない。それからも

う1つ，「同一保持」という，前にしたことを繰り返してしまうという特性。

　家での爆発を避けるために，どうしても先回りすることが増えていった。たとえば，家で過ごすためのテレビゲームが壊れたとなれば，時間つぶしができないだろうと先回りして買ってくる。喉が渇いたら困るだろうと，飲み物を用意しておく，というようなこと。そう，「エスパー」だ（このエスパーもおめめどうの造語）。

　でも，エスパーをされたほうの脳みそになってみよう。自分が「お茶がほしいな」と思ったとして，「お茶がほしい」と口に出さなくても，お茶が出てくるのだ。それが続くと，いずれこう考えるようになる。「お母さんは，僕が思っていることは，全部わかっている」と。となれば，車を運転をしているときに，彼が「右に曲がってほしいな」と思っているとして，私が左に曲がると，「お母さんが失敗した〜」となるのだ。

　退学届に書いた，彼の「先生が失敗するから」は，単に年齢不相応に扱っただけじゃない。先生方がよかれと思って，先回りすることで，それがされないとき，まさに「（自分の）思い通りにならない」ときに，「相手が失敗した」と考えてしまうということだ。「よかれと思って」の対応をされればされるほど，その「責任」は自分になく相手にあるので，その行為の結果も，トラブったときの葛藤も，自分のものではなくなる。

　先回りだけではなく，後始末もそう。たとえば，荷物を忘れているとなったときに，こちらが察知して，届ける。頼んだ食べ物がまずい（あるいは，足らない）ようなら，こちらが察知して，「好物やお代わりを用意する」といったこと。本人は「言ってきてない」し，してほしいとも思っていないのに「後始末」をしていくと，そうされないときに，苛立つようになる。

　よかれと思っての「先回り」「後始末」が，どんどん「不適応行動」を生んでいくとは，誰も考えない。だから，多くの人はもっと「先回り」「後始末」をするようになる。ミスらないようにと，見張りは増えていく。そして，「母子分離不全」がどんどん強まってしまうのだ。

　また，こちらがよかれと思って，仕切ることが増えると，それに「同一保持」が起こる。たとえば，体が大きくなった思春期，家で暴れたらお姑さん

に悪いし，私も困るからと，ドライブに連れていくことが増えていった。すると，ドライブをしないとイライラは収まらなくなる。そして，彼が「ドライブしたい」となれば，イライラするようになる。大きくなった体で迫られるとめちゃ怖いから，聞き入れる。

苛立ちをものや活動で収めると，それに同一保持が起こり，余計大変になるだけ。だから「カームダウン」が絶対に必要……ということも，思春期になって，ようやくわかった。「カームダウン」の本当の意味が。大切なのは「人の影響を受けないところで，なにかで解消されることなく，自分で立ち直る」ことなのだ。

当時，思春期の本をいくつか読んだ。けれども，ピンとくるものがなかった。というのも，それらに書かれている内容は，幼児期から視覚的支援や選択活動などの手立てをしてきていない，それらがないときの「療育」で大きくなった事例だったから。

そもそも手立てをしていないのだから，想像を絶する状態になっているものもあったし，投薬で抑え込んだ例もあった。多くが指示待ちで，つまらないこだわりや行動障害が出ているようだった。もちろん，親が全力でサポートし，周囲の支援者の理解から「一般就労」した例や「芸術的に花咲いた」例もあったが，普通の「地域でのほほんと暮らす自閉症者の姿」がそこには見当たらない。

それから，視覚的支援を学び子育て支援をしてこられた家族のなかの様子も，思春期になると歪みが生まれた話も漏れ溢れてきた。勇気のある親御さんが，「小さい頃から療育を受けてきたが，思春期になり，スケジュールを全部外し，構造化を壊し，うつになっていった」という様子を綴るサイトに出会ったときに，きっとこういう状態は多いのだろうと思った。

というのも，子どもが小さい頃学んだ視覚的支援は，「選択活動」が飲み物とか行き先程度で，「自分のことは自分で選ぶ」という人権的なものではなかったし，スケジュールも「シナリオを書こう」的なものだった。また，「表出のコミュニケーション」は，音声言語をメインとしていて，視覚的支

援は「受信・理解のコミュニケーション」に大きく偏っていた。

　息子も音声言語だけの発信に頼っていたことで，小4のときに「冤罪」のような経験をしたこともあって，それ以降は，AACに大きく舵をきり，「見えるコム」，つまりメールや筆談を取り入れるようになった。

「仲間はずれ」をやめる

　さて，思春期の行き詰まりは，ネット上にあった「母子分離の難しさ」の記述がある論文に出会うことで，さーっと視界が広がっていった。多くの専門書のように，「症状」や「概略」は書いてあるものの，「具体的な解決方法」がある内容ではない。でも，その論文との出会いで，「ああそうか，『母子分離不全』が『すべての元』だったのか……」と，クリアに理解できた。それは，小さな頃から，特性に沿った対応はしてきたからだった。

　在宅生活のなかで，何度も起こる爆発。ある大立ち回りの後，ついに警察を呼ぶ。そして，保護入院をお願いした。そのとき，警察の方にも，病院の方にも，「社会の資源だから，利用されたらいいんですよ」と言われたことは，今も忘れられない。学齢期後半と社会とであれば，圧倒的に「社会」のほうが優しいと，私は思っている。

　お小遣いは，形式的にはあったものの，出かけるときにおばあちゃんにもらったり，お父さんと出かけるときにはほしいものを買ってもらったり，ルールがあってないようなものだった。「知的障害も重いし無理なんじゃないか？」と理由をつけて，何かと逃げていたのだ。

　外出時のスケジュールは書くことができる。けれども「自分の財布」がないことで，何軒でも店に寄ると書いたり，私が留守しているときには，毎回，お父さんとプラレールのおもちゃを買うことを選ぶようにもなった。それに，同一保持が起こって，やめさせようとすると爆発するので，結局ズルズルと続いてしまう。

　「二度と同じ暮らしには戻らない」と決意し，入院中に面会を重ね，退院後は「生活費」を渡すことにした。すでに「巻物カレンダー®」で時間軸は

身についていたので，そこに「いつ，いくらもらえる」のお金を乗せていき，「予算軸」を作るのは，そんなに難しいことではなかった。ただ1点を除いては。

唯一の難しさは，「親が出さない」「足さない」ということだ。どうしても「少しくらいいいじゃないか」という気持ちになってしまう。でも，それまで好きにさせていた買い物でも，自分自身の心の奥を覗くと，あるのは「障害があるから。不憫だから」という差別の気持ちにほかならなかった。

入退院を繰り返していた2011年，東日本大震災が起こる。そのときに『非常時の支援と工夫』という冊子を緊急につくることになるのだが，そこで生まれた言葉が「仲間はずれにしないで®」だった。非常時でも「本人に必要なことは伝えましょう」と。その「コミュメモ®」での伝え方を被災地の人に知ってほしかった。

そして，思春期の失敗からわかってきたこともまた，「仲間はずれにしないで®」だった。たとえば，なくなったおもちゃの中古を探して見つけることも，希望することができないとなれば，「無理だ」と説明しないで代替を考えることも，本人可愛さでするように見えて，本人には「本当のことを言わないで」誤魔化そうとしていることなのだから。

「誤魔化すことをやめる」「仲間はずれもやめる」と決めて，本人にかかわることは，丁寧に「コミュメモ®」を使った筆談で伝えていくようにした。すると，拍子抜けするくらい，本人は理解し，穏やかになっていく。そうなんだ，このために「コミュメモ®」があるのだ。何かを知らせたり，させたりするためだけのものではない，「伝えあう・わかりあう」ために（それをサブタイトルにした「コミュメモガイド」を上梓したのは，2013年）。

退院をしてから分けたものには，「時間」「空間」「お金」「言葉」「関係」「脳みそ」そして「責任」と，いろいろある。

「時間」を分けるとなると，カレンダーやスケジュールは必須だ。「空間」を分けるとなると「物理的構造化」の「所有格」は絶対だ。それがないと結局「人の動きや人の感覚」を頼って生活することになってしまう。それが，家だと「家族」（主に母親）になるわけだから，離れたい思春期には，本人

写真6-3　お薬・コインカレンダー

を窮屈にしていく。

　「言葉」であれば，音声言語は極力減らし，本人が言い出して（あるいは，書いて）きたことだけをするようにし，こちらからの提案はやめていった。言葉を先に奪ってしまわないように。そのためには，必ず，判断できる視覚的な環境とAACがいるわけだ。「発信してきたことは，本人の考えがあってのこと」と信じて，「その結果」を一緒に受け止める。すると「そうか⁉」という発見の連続だった。「そうなんだ！　彼は，考えているんだ」と。

　そして「関係」では，「お母さん，どうしましょう？」に代表される，親の介入をやめ，支援者と本人が「直接対峙」へ。買い物へ行っても，病院に行っても，店員さんや医師に「本人に向き合ってもらう」ようにお願いした。また，「脳みそ」は，記憶力のいい息子に合わせた記憶の共有もやめ，自分との考えの違い，感覚の違いも伝えるようにした。

　そして，自立に一番大事な「責任」は，本人が選んだこと，決めたことには口も手も出さず，うまくいかないときのイライラや葛藤も取り上げないようにした。すると，自分で気持ちを収め，次の行動を決めていくようになった。それを「自己責任のサイクル」と呼んでいる。

　「持ち物」はもとより，「薬」も「お金」も本人の管理にしていくと（写真6-3），たとえ「不具合」が起こっても自分の責任として受け止める。あれほ

ど「ない〜」「失敗した〜」と叫んでいた姿が嘘のように。

「しくじり思春期」を経てわかったこと

　多くの「しくじり」はしたけれども，そこからなんとか立ち直れたのは，やはり，見える形の「みとおし」「えらぶ」「おはなし」が小さいときから身についていたからだ。じゃあ，やってきたことは間違っていなかったのに，どうして，しくじったのだろう？

　長男の思春期には，「過干渉」をやめ，本人の言ってくることだけをした。仲間はずれにしたこともなかった。それで「彼は，自立していった」と書いた。その兄にできたことを，なぜ，弟にできなかったのか？

　1つは，障害があることで，幼稚に思う，不憫に思う，どうせわからないんだからと誤魔化す，差別の気持ちが，どこかにあったからだ。「年齢と性別の尊重」という大事なことが，真にわかっていなかった。

　もう1つは，「自分が選び，やってみて，その結果を見る」この自己決定の三原則は，すべての人の権利であるはずなのに，それを私が「障害があるから」と守らなかったことだ。

　手立てをしているにもかかわらず「行動障害」が起こる理由……それは，「年齢と性別の尊重」の欠如と，「自己決定の権利」を取り上げるということ。いずれも「人権侵害」にあたる。

　障害があるから，特別な思春期がやってくるわけではない。定型発達の子どもたち，いや，自分自身と「同じ思春期」がやってくるのだ。ただ，その子が自閉症・発達障害・知的障害であれば，その特性に沿った対応（注意しなければならないところ）があるという，それだけのことだった。

　次男には，自閉症という障害がある。そこへ「思春期」がやってくる。親との分離をしたい彼も「お母さん，バイバイ」という気持ちを，「行動障害」という形で意思表示した。それじゃあ，と，早急にグループホームや施設入所などの「物理的な分離」をすれば，OKだったんだろうか？

　実際のところ，10代で家庭のように安全に見守ってくれる場所は，ほとん

どない。だから，うちは「入院」という方法で一旦距離をとることになってしまった。緊急の場合の多くはそうされるのだろう。でも，入院先では支援はされず，隔離され，投薬されるだけである。

　入院でいっとき物理的に別れても，戻って同じなら，元の木阿弥なのは，想像できるだろう。「投薬だけで落ち着きました」とはいかない。

　安全なグループホームや施設なら，「親との物理的な分離」は可能だから，同時に「親との精神的な分離」ができるのかといったら，私は「否」と思っている。結局「お母さん，どうしましょう？」が続き，「親の裁量」で本人の暮らしが決められていかないだろうか？　「親」に代わる「支援者」が，親と同じようであれば，家と同じようなトラブルが起こるんじゃないだろうか？

　障害のある子どもの場合，母親が中心となり子育てを担っていくが，思春期に母親の代わりに父親が出てきたからといって，同じように「過干渉」をし，年齢の尊重をせず，「時間」「空間」「お金」「言葉」「関係」「責任」などが分かれないのであれば，似たようなトラブルは起こり続ける。そういう「場所」や「人」の転換は，きっかけにはなるかもしれないが，根本の解決方法ではない。

　今後，大きな施設は建設されず，地域移行が推進されている。しかし，世界でも類を見ない少子高齢化の日本で，福祉の人手不足は免れない。「物理的に分けることすら叶わない状況」のその行先は「家庭で抱える」にしかなり得ない。そこで，日常的に「行動障害」が起こるとしたら，どうなっていくのだろう？

　私には，「特性に沿った手立てが小さい頃からあるようにすること」と「思春期からの適切な母子分離をする」ことで，「本人が主人公の人生」を歩む以外に，卒後の障害者の（しかも在宅での）穏やかな暮らしを維持する方法はないように思う。

　これまでの「視覚的支援なしでも，マンパワーで暮らしを支える」や，「特別な療法や機器を使う方法ならコミュニケーションがとれる」は，今の日本の社会・経済状況を考えても，現実的ではない。それでは普通に「地域

でのほほんと暮らしたい」と思っている多くの自閉症・発達障害・知的障害者とその家族を支えるものにはなりにくいのではないだろうか。

「母子分離とはなにか？」

それは，物理的に分けることではない。精神的に分かれることだ。簡単に言うと，子どもが「親」をヒントにしないで生きること。

それには，どうしても「カレンダー・スケジュールに代表されるみとおしで心を支え」「自分のことは自分で決める・えらぶことで責任を支え」「本人が自分で判断できる，また気持ちを主張できる見える形のコミュニケーション・おはなしで関係性を支える」ことを子どもの頃から（わかったときから）していくことが必要だと思う。

「自作」にこだわらず，「市販のアイテム」を使うメリットは，人や場所，事柄を選ばないうえ，「人に引き継ぎやすい」ということ。すると「お母さん，どうしましょう？」ではなく，「本人に聞いてみます。本人に伝えますね」がぐっと容易になる。それは，母子分離の大きな手助けになる。

社会にある物も考え方も，進歩する。過去のほうがよかったと思うこともあるだろうけれども，薬だって効能がよくなるし，25年前は固定電話だったのが，今ではスマホだ。だから，障害支援だって当然進歩している。

30年前日本に伝えられた頃の「視覚的支援」は，させるために使われるものが多かった。それは，ベースとして「障害は，療育するもの」という考えがあって，そこに「視覚的支援」が入っていたからだ。どうしても「受信・理解のコミュニケーション」に偏ってしまう。それも，本人の「選ぶ」がないままに。

「障害には，合理的配慮をする」になった今ならどうだろう？　障害者差別解消法のスローガンである「我々のことを我々抜きで決めるな！」からもわかるように，もっと「発信・表出のコミュニケーション」を大事にするようになるはずだ。

療育から入った「させる視覚的支援」を本人が拒否するようになって，「やっぱり視覚的な支援なんて，ダメだ」と否定されてしまったことで，25

年経っても「適切な視覚的支援」が現場に取り入れられず，あまり変わらない教育・福祉を見るにつれ，残念でならない。

　文部科学省のページにも，厚生労働省のページにも，政府広報のページにも，「具体的に」「視覚的に」「肯定的に」という文言がみられるのに。

　でも，進歩はしてきた。おめめどうが販売しているような市販のグッズも出てきている。高齢者用の支援機器が広がったおかげで，自閉症・知的障害の人に活かせる自助具も増えている。

　私もそうだったけれど，自閉症と診断を受けたときから，「じゃあ，何がベストなのか」を求めていた。本を読み，ネットで情報を得て，グループに入り，教えてもらう。でも「しくじり思春期」を経てわかったのは，「療法や道具」があって，それを突き詰めれば，快適な暮らしができるのではなくて，やはり「本人の望む生活」があって「年齢と性別の尊重」がされてこそ，本人は落ち着いていくのだということだ。だから，どんな優れた「療法や道具」を使っていても，「人権の部分」が欠けていれば，結局は「頭打ちになる」のだということを理解してほしい。

　「しくじり思春期」は，本人が自己決定，自己管理ができるよう支援をすることで，本人のなかでほどよい具合や加減が育っていくということを教えてくれた。「枠を作って管理するもの」では，いつまで経っても，自分で身の振り方を覚えてはいかない。グッズは，その「本人が判断する」を助けるもの。市販のものであれば，本人の生活するすべての現場でつないでいける。

　自閉症を学んで，25年。そこを見届けることができて，「支援は進化した」のだと感じる。

第7章

重度知的障害者の自立生活とパーソナルアシスタンス

岡部耕典
早稲田大学文化構想学部

はじめに

　私には，26歳になる重度知的障害／自閉の息子がいる。彼は集団生活が苦手であり，生活全般にわたって常時の見守り支援が必要なため，グループホームで暮らすことは難しい。だから，息子が小さいときからヘルパーをつけて自立生活をすることをめざしてきた。息子は2011年から東京都三鷹市内のアパートを借り，通所施設にいる時間以外は24時間のヘルパーによる見守り支援のもと，自立生活を送っている。

　大都市圏を中心として，最大24時間のヘルパーによる支援を受けて在宅で自立した生活を営む重度肢体不自由者の姿は，現在あたりまえのものとなっている。それを可能としているのが，在宅での長時間の見守り支援を前提とする重度訪問介護という仕組みである。重度訪問介護は現在では公的介護制度の1つとなっているが，障害者自立支援法／総合支援法に定められた他の居宅介護とは出自が異なり，もともとは東京や大阪で重度肢体不自由の当事者が長年の運動の成果として獲得し育ててきた重度脳性麻痺者等介護人派遣事業が国制度化されたものである。同様の当事者主体のヘルパーサービスは，欧米では「パーソナルアシスタンス」と呼ばれ，障害者の脱施設および地域自立支援に不可欠の基幹的サービスとなっており，肢体不自由者だけでなく

東京都三鷹市で自立生活をしている息子・亮佑（右）とヘルパーの中田
了介さん（左）（写真提供：宍戸大裕）

米国カリフォルニア州で自立生活をしている知的障害当事
者（左），コーディネーター（中），ヘルパー（右）

知的障害者や精神障害者にも利用者は多い。しかし日本では，重度の知的障
害者が入所施設に入らず親元から離れて地域で暮らす居住支援はグループホ
ームである，という政策が現在でもデフォルトとなっているため，つい最近
まで重度訪問介護を利用できるのは重度の肢体不自由者に限定されていた。
それゆえ，私の息子のように長時間のヘルパーによる見守り支援を受けて自
立生活を営む重度知的障害者はまだ本当に少数である[1]。

※1　重度訪問介護利用者11,084人のうち，身体障害10,119人，知的障害712人，精神障害94人，障
　　害児4人，難病等155人（国保連平成31年2月サービス提供のデータ）。

日本の知的障害者の地域自立生活と支援の現状

　日本では2000年代から福祉政策の課題として「障害者の地域移行」が謳われ，2014年には「自立した生活及び地域社会へのインクルージョン」（第19条）をすべての障害者の権利とする障害者権利条約も批准されている。しかし，身体障害における施設入所者の割合1.7%，精神障害における入院患者の割合8.0%に対して，知的障害者における施設入所者の割合は11.1%（成人では13.4%）となっており，まだまだ知的障害者の施設入所の割合は高い[2]。また，地域で暮らす身体障害者では一人暮らしが12.2%，夫婦で暮らしている人が52.1%であるのに対し，知的障害者の92.0%が親と同居しており，一人暮らし，夫婦での暮らしはそれぞれ，わずか3.0%，4.3%にすぎない[3]。

　現在の日本の障害者福祉制度において，知的障害者が施設でも親元でもなく暮らす場として想定されているのはグループホームである。しかし，グループホームを受け皿とする強度行動障害のある重度知的障害者の地域移行はなかなか進んでいない。

　知的障害者の脱施設において，グループホームのオルタナティブとなる居住・生活支援として欧米で注目されてきたのがパーソナルアシスタンス[4]である。日本の重度訪問介護は，2014年までは重度の肢体不自由者に限定された制度であり，また，現在でも行動障害がない軽度・中度の知的障害・身体障害者は利用できない。

パーソナルアシスタンスとは

　日常生活において常時ヘルパーによる支援が必要な障害者にとって，たんに親元や入所施設から出て地域で暮らすだけでは「生活の自立」は実現しない。ヘルパーやその派遣事業所によって自分の生活がコントロールされてし

※2　「平成30年度障害者白書」より。
※3　「平成28年生活のしづらさなどに関する調査（全国在宅障害児・者等実態調査）」より。
※4　岡部（2017），鈴木（2019），麦倉（2019）などを参照のこと。

公園を散歩する息子・亮佑（右）とヘルパーの中田了介
さん（左）（写真提供：宍戸大裕）

まうのでは，ホームヘルプサービスはたんなる「動く施設」（ラツカ）であ
り，地域で暮らしていても真の意味で自立しているとはいえないからである。
　そのため北欧や英国，北米の自立を求める障害当事者運動では，通常の福
祉専門職がイニシアティブをもつ地域福祉サービスを使うのではなく，当事
者が自分のアシスタントをみずから雇用し教育して利用するパーソナルアシ
スタンスという生活支援が強く求められ，真の脱施設と地域自立生活を実現
する当事者主体のサービスとして各国で制度化されてきた。
　当初は身体障害者中心の自立生活運動によって推進されてきたパーソナル
アシスタンスだが，英国では知的障害者および精神障害者，さらには要介護
高齢者までその対象範囲が拡がっている。また，スウェーデンのパーソナル
アシスタンス法であるLSS法の主たる対象者は知的障害者と自閉症者であり，
米国ではサポーテッドリビング・サービスという名称で知的障害者を焦点化
したパーソナルアシスタンスが制度化されている。

日本のパーソナルアシスタンス

　日本でも，当事者からの同様の求めによって1970年代より開始された制度
として重度脳性麻痺者等介護人派遣事業がある。当初は東京都や大阪市，札

幌市などに限定された制度であったが，社会福祉基礎構造改革を経て2003年に開始された支援費制度において「日常生活支援」という名称で国制度化され，障害者自立支援法（2005年），障害者総合支援法（2012年）において，「重度訪問介護」という名称で引き継がれ，現在に至っている。

　このような歴史的経緯もあり，現在の重度訪問介護の利用は，障害当事者が運営する自立生活センターおよびその関連事業所が中心である。重度訪問介護は障害者総合支援法のサービスの1つであるため，スウェーデンや英国とは異なり，支援費が利用者個人に直接払い（ダイレクトペイメント）されるわけではなく，自立生活センターという当事者主体の機構が事業所を担い，アシスタントの雇用や教育の受け皿となることで当事者のイニシアティブを担保するという仕組みが特徴的である。

障害者制度改革とパーソナルアシスタンス

　障害者権利条約第19条は，障害者が地域の一員として自立／自律して暮らす権利について定め，そのために必要な支援として"personal assistance"を特記している。そのため，障害者権利条約批准に向けた障害者制度改革およびその後の障害者自立支援法に代わる新法の成立過程における大きな論点となったのが，「パーソナルアシスタンスの制度化」である。

　障害者制度改革の提言（総合福祉部会骨格提言[5]）では，パーソナルアシスタンスは「①利用者の主導（含む・支援を受けての主導），②個別の関係性，③包括性と継続性を前提とする生活支援」と定義され，「パーソナルアシスタンス制度の確立に向けて，現行の重度訪問介護を改革し，充実発展させる」ことが求められている。具体的な「改革」「充実発展」の内容は，①「重度の肢体不自由者」に限定されていたその利用対象者を拡大すること，および②「通勤・通学・入院時・1日の範囲を越える外出・運転介助」への利用に対する制限を撤廃することの2点である。

※5　「障害者総合福祉法の骨格に関する総合福祉部会の提言」2011年8月（https://www.mhlw.go.jp/bunya/shougaihoken/sougoufukusi/dl/110905.pdf）より。

その後成立した障害者総合支援法およびその３年後の見直しの過程で，2014年から，激しい行動障害を有する者限定ではあるが，重度の知的障害者・精神障害者も重度訪問介護を使えるようになったのである。

重度知的障害／自閉の息子の支援つき自立生活の実際

　療育手帳２度，障害程度区分６，行動援護対象者の息子・亮佑の自立生活の開始は，東日本大震災から４ヵ月後，特別支援学校高等部を卒業し生活介護に通い始めてから３ヵ月後の2011年７月であった。

　環境の変化に弱いといわれる重度知的障害／自閉の息子が，「学校卒業／通所」「転居」「親との別居」という大きなライフイベントをほぼ同時に３つも経験して何の動揺もなかったことを話すと驚かれることが多い。いろいろと理由はあるのかもしれないが，すでに彼が９歳のときから在宅のままで東久留米の自立生活センターグッドライフの介護を月に50～150時間使っており，介護者の入った生活に慣れていたこと，さらに介護コーディネーターを含め，現在の介護者たちの多くが自立前から亮佑の介護に入っていたことが大きいと思う。

　自立前は，日曜日以外は毎日，曜日ごとに異なる介護者が６名入っていたが，自立後は，通所しない土日の日中も含めて10名以上がローテーションを組み彼の自立生活を支えている。介護は午後４時頃に通所施設に迎えにいくところから開始され，翌朝８時に通所施設の送迎車まで送って終了する。その間，遊び，買い物，食事，入浴，就寝，すべて介護者とともに過ごす生活であった。

　2014年４月に重度訪問介護が使えるようになるまでは，行動援護，身体介護，家事援助の合計で356時間の支給決定を受けていた。知的障害者に対する介護の支給決定としては，地元の自治体でも前例のない時間数であったが，それでも通所する時間を除き就寝８時間相当が不足する。その部分は全体の支給総額を「伸ばして※6」使うことによって介護者の給与を確保し，自立当初より24時間の見守り介護を実現した。重度訪問介護に移行してからは，

総支給時間は531時間となったが，1日のうち，夜間の2時間相当は介護者の実質的な休息時間とみなし，あえて支給を受けていない。土日等で通所が休みのときの介護者以外は交代時には会わないので，情報の共有は基本的に介護ノートと，近年ではLINEによって行われている。毎週金曜日はコーディネーターを務める介護者の担当日であり，彼が環境面を含む生活状況全体のチェックを行い，財布に1週間分の生活費を入れる。日々の買い物などはこの財布から介護者が支払い，溜められたレシートが次の金曜日に確認されるというルーチンである（図7-1）。

　いうまでもなく，自立したからといって行動障害がなくなるわけではない。他害はもともとあまりないほうだが，介護ノートを見ると睡眠障害は相変わらずだし，調子がよくないときは，奇声を発したり，突然大声をあげたりすることは現在でも多く，通所の車の窓ガラスを割ったり壁を頭突きで壊したりするので加入している保険会社には何度もお世話になっている。しかし，24時間のうち，寝ている時間も含めて，平日通所施設に行っているとき以外のすべての時間に介護者が付き添い，隣近所の人たちとの関係づくり，道路・公園・コンビニでの環境との調整役，そして本人の安心基地として機能していることで，息子は行動障害と"ともに"生きている。食事，買い物，家事，入浴とすべての生活において「常時介護が必要」な息子であるが，生活支援に加えて常時の「見守り」があるからこそ，地域生活の継続ができているということを強調しておきたい。

自立前と自立後の親子関係の変化

　自立までは，介護者が入る以外の時間の見守りは親が担っていた。私が現在の大学に嘱任された当初は夜の授業も多く，介護者が帰ってから私が帰宅するまでの間，息子は私のつれあいと過ごし，風呂と夜の添い寝，翌朝の登校が平日の主たる私の役割だった。つれあいは別室で休み，私と亮佑の二人

※6　介護給付費の総額で，足りない時間数のヘルパー人件費を賄うこと。

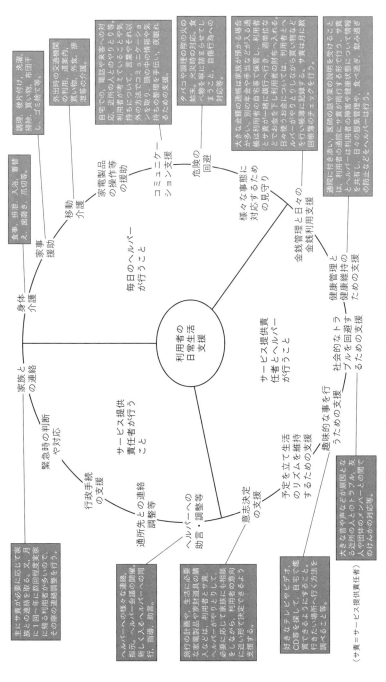

図7-1　長時間の介護を利用し自立生活をしている知的障害者の生活はどのように成り立っているか
（障害者の地域生活の推進に関する検討会（2013年10月4日）提出資料）

で寝室で寝る。彼が不安定で不穏になっている夜は抱き合って眠り，朝は車で特別支援学校まで送り届ける。今となっては懐かしい想い出だが，明け方まで寝ない日の翌日はほんとうにつらかった。介護者の一人がその激しさを「冬の日本海」にたとえた思春期の頃の彼のエネルギーの爆発はすさまじく，自宅は文字通りボロボロになってしまったので，自立後は全面リフォームをした。

　現在，親元への帰宅は原則として月に1回，土曜日に1泊し，日曜日を一緒に過ごして，車で10分足らずのところにある彼のアパートに夕方送り届けている。来るときには満面の笑みだが，帰るときに嫌がったことは自立生活の開始以降一度もない。すでにここは彼にとって「実家」であって，「自分の家」ではないのである。

強度行動障害とパーソナルアシスタンス

　国立重度知的障害者総合施設のぞみの園（2014）は，強度行動障害に対する「基本的な支援の枠組み」を以下のように整理している。これを批判的に検討しつつ，息子のような強い行動障害をもつ人たちに対する生活支援と療育の関係について考えてみたい。

　・構造化された環境の中で
　・医療と連携（薬物療法を活用）しながら
　・リラックスできる強い刺激を避けた環境で
　・一貫した対応をできるチーム作り
　・自尊心を持ちひとりでできる活動を増やし
　・地域で継続的に生活できる体制づくりを

　息子・亮佑の自立生活は，コーディネーターとアシスタントが前述のような「一貫した対応をできるチーム」を組んで，「地域で継続的に生活できる体制」を構築することで実現している。ただし，彼が「自尊心」（自尊感

情）をもって暮らすことができているのは，「ひとり」ではなくつねにアシスタントとともに「活動」し，彼らの常時の「見守り」が地域との緩衝材・橋渡しとして機能しているからであると思う。

　身体的なケアや家事援助を含む日常生活に対する「常時の見守り介護」を通じて，当事者の意向を汲み取り一緒に考える支援が可能になり，金銭管理や行政手続きなどを共同で行うことによって当事者の自律＝自己決定も担保される。入所施設ではなく地域で自立して暮らす以上，常時「構造化された環境」や「リラックスできる強い刺激を避けた環境」を保つことはできないし，生活を共にするアシスタントにつねに訓練・教育的に立ち振る舞われるような管理的生活のもとでは，行動障害はむしろ悪化するだろう。

　強い行動障害のある人も「他の者と平等に」生き生きとして尊厳のある自律的な日常生活を送ることがその人の「自尊心」を育むのであって，パーソナルアシスタンスはそのために必要な「合理的配慮」の１つである。医学や療育の意義や理論を否定するものではないが，必要なのは適切な役割分担を前提とした連携なのであって，日常生活の支援が「ひとりでできる活動を増やす」ことに収斂する「支援の療育化」（岡部 2015）ではないと思う。その意味では，行動援護という「行動する際に生じ得る危険を回避するために必要な援護，外出時における移動中の介護」の研修内容が療育の理論を中心に構成され，しかもそれが「主として知的障害者・精神障害者に対応する重度訪問介護」に従事するために必要な専門性とされているという現行制度の問題点も併せて指摘しておかねばならない。

映画『道草』のこれまでとこれから

　息子が自立後，知的障害者の自立生活やそのために必要な支援について話す機会が多くあったが，息子を実例として重度知的障害者も自立生活ができることを訴えても聴衆になかなか"信じてもらえない"。とりわけ疑り深い（？）のは，同じ重度知的障害の子をもつ親たちだった。そこで，息子の日常生活をヘルパーの一人が撮影した８分ぐらいの短い映像を観せることにし

たら，その効果は抜群だったのである。これが映画『道草』制作のきっかけ
となった。

　その後，映画『風は生きよという※7』で主演した海老原宏美さんから，
監督の宍戸大裕さんを紹介され，『道草』の企画がスタートする。最初に"I
am Ryosuke!"という短編映像を作ってもらって，それを私の講演会などで
上映した。映像は評判を呼び，趣旨に賛同していただいたキリン福祉財団の
助成や全国自立生活センター協議会の全面協力を得て『道草※8』が誕生し
た。

　『道草』の制作と上映には私なりの夢があった。それは，70年代に青い芝
の会が行った『さようならCP※9』の上映運動のように，全国津々浦々で
『道草』を上映して親や支援者たちと語り合い，重度肢体不自由者と同様に
重度知的障害者も重度訪問介護を使って支援つきの自立生活ができることを
知らしめることである。

　「障害者の地域移行」が謳われて20年近くたつが，グループホームでは生
活が困難な人も多い強度行動障害をもつ当事者の地域移行は遅々として進ん
でいない。入所施設でもグループホームでもない重度訪問介護を使った「支
援つきの一人暮らし」という選択肢を親たちに知らしめることで，「施設解
体」という"北風"を吹かせるのではなく，「行動障害をもつ重度知的障害
者も自立生活できる」という"暖かい太陽"で照らすことで，「入所施設」
というマントを脱がせることができるのではないか。重度訪問介護の利用が
障害種別を超えて拡がることは，日本では限られた一部の重度肢体不自由者
たちの運動とみなされがちな自立生活運動の射程とすそ野を拡大し，いずれ

※7　2015年制作，宍戸大裕監督。人工呼吸器ユーザーの地域生活支援と尊厳死法制化反対運動の
　　ために企画された映画で，海老原宏美さんも企画・出演。現在も活発に各地で上映中（公式サ
　　イト　http://kazewaikiyotoiu.jp/）。
※8　映画『道草』の詳細や予告編，今後の上映予定，自主上映の案内等については，公式サイト
　　（https://michikusa-movie.com/）を参照のこと。
※9　1972年制作，原一男監督。日本の障害当事者運動の先駆けとなった脳性麻痺当事者団体「青
　　い芝の会」の活動を撮影したドキュメンタリー映画。完成後全国の大学等で行われた上映運動
　　には青い芝の会のメンバーが参加し，観客と活発な議論を行ったことでも知られる。

は欧米諸国のように障害種別を問わないパーソナルアシスタンス制度へと発展・継続することにもつながるだろう。

　撮影中の2016年夏に津久井やまゆり園事件が起きた。地域で暮らしている重度知的障害者のリアルを世間の人たちにも知ってもらうことで，「障害者は世の中を不幸にする」と決めつける容疑者の「優生思想」をも切り崩していきたいと思う。

［文　献］
麦倉泰子『施設とは何か―ライフストーリーから読み解く障害とケア』生活書院，2019.
岡部耕典「『重度訪問介護の対象拡大』の経緯と『パーソナルアシスタンス制度創設』の課題」『賃金と社会保障』1620号，164-169頁，2014.
岡部耕典「自閉症スペクトラムと〈支援〉の本質―重度訪問介護の対象拡大と生活支援の療育化／地域の施設化」『精神医療』79巻，53-61頁，2015.
岡部耕典「津久井やまゆり園再生基本構想と重度知的障害者自立生活支援の課題」『賃金と社会保障』1694号，4-12頁，2017.
岡部耕典編著『パーソナルアシスタンス―障害者権利条約時代の新・支援システムへ』生活書院，2017.
アドルフ・D・ラッカ（河東田博，古関・ダール瑞穂訳）『スウェーデンにおける自立生活とパーソナル・アシスタンス―当事者管理の論理』現代書館，1991.
鈴木良『脱施設化と個別化給付―カナダにおける知的障害福祉の変革過程』現代書館，2019.
寺本晃久，岡部耕典，末永弘他『良い支援？―知的障害／自閉の人たちの自立生活と支援』生活書院，2008.
寺本晃久，岡部耕典，末永弘他『ズレてる支援！―知的障害／自閉の人たちの自立生活と重度訪問介護の対象拡大』生活書院，2015.
独立行政法人国立重度知的障害者総合施設のぞみの園『平成25年度障害者総合福祉推進事業　強度行動障害支援者養成研修プログラム及びテキストの開発について　報告書』2014.

映画『道草』をめぐって

宍戸大裕
映画監督

　自閉症と重度の知的障害があり，かつ行動障害のある人が入所施設や親元ではなく，アパートや一軒家を借りて介助者つきのひとり暮らしを送る姿を描いたドキュメンタリー映画『道草』（2018年／95分）を監督した。自立生活を送る身体障害当事者には学生時代から出会ってきた。でも，重い知的障害がある人の自立生活を知るのは初めてだった。介助者はどんなふうに本人とやりとりをするのか，初めはイメージが湧かなかったが撮影を続けていくうちに，コミュニケーションは言葉のみで成り立つものではないことがわかってきた。仕草や声の調子，表情などお互いの丸ごとを受け取り合いながら，人は他者を感じ取っている。そんな当たり前のことを確かめる時間だった。

　登場人物はみな魅力的で，突き抜けていた。ある日夕暮れの公園で大好きなブランコをこぐ「リョースケ君」は，冬で寒かったのかすぐにブランコを降りてしまった。するとおもむろにこちらに近づいてきて僕の隣に立ち，カメラのモニターを覗き込んだ。「リョースケ君，いまの場面ほとんど撮影できてなかったから，もう1回，ブランコ乗ってくれないかな？　テイク2」とお願いしてみる。すこし考える仕草をしたリョースケ君は，突如僕の頬にチューをし，軽やかにステップを踏んでブランコに戻り，全力でこぎはじめた。呆気にとられながらもほくほくした気分で撮影を終え，後日「こんなことがあったんですよ」と父・耕典さんに一部始終を話すと，苦笑いしながら

こう語る。「……あれ，リョースケの手でね。介助者みんなされるんですよ。そうやって介助者の気を引いて，うまく使い慣らすんです」。やられた。

　「ヒロム君」はサービス精神にあふれている。平日，通所先の生活介護事業所からバスに揺られて帰ってくるとアパートに荷物を置いて散歩に出かける。フジワラさんという介助者のとき，彼はよく「ター！」と大声をあげる。すれちがう人が驚き振り返る。「みんなびっくりするでしょ」とたしなめるフジワラさんの反応を喜ぶように，何度も繰りかえす。

　フジワラさんの存在に安心しつつ，どこかからかっているようにも見える。撮影の日はいつもより「ター！」が多いと，後でフジワラさんから聞いた（たしかに声を出す前にはチラリとカメラの位置を確認している）。公園の散歩道で「ここ，声出しどころだよね？」という眼差しをフジワラさんに送りながら，お約束のように「ター！」と声をはり上げる。

　微笑ましい日常は多々あるけれど，笑ってばかりいられないこともあった。「ユウイチロー君」は，自分の思いがうまく伝わらず，抑えようとしても抑えられない衝動に苦しんでいた。本人も介助者も，そのことでずっと傷ついてきているように見えた。映画が公開されてから，この場面をめぐり「支援者の勉強不足」との指摘を聞くことが何度かあった。

　自閉症支援の基礎を知り，なるほどそういう方法論もあるのかと教えられた。でも，もし製作中にそれを知っていたとしても僕の作るものは変わらなかっただろうとも思う。

　印象的だったのが，ユウイチロー君が店のガラスを割ってしまったり，電車で叫び通していたりと激しい混乱を見せていた日の介助者・ミヤシタさんだ。介助に入るのはこの日が2回目くらいだったろうか。僕は戸惑うばかりでオタオタし通したが，ミヤシタさんは終始「大丈夫」となだめ，落ちついた様子で対していた。内心はわからないが，その腹の据え方に感服した。ハンセン病を患い24歳で他界した作家・北條民雄の『癩院記録』にこんな一節がある。

　「患者たちは決して言葉を聴かない。人間のひびきだけを聴く。これは意識的にそうするのではない，虐げられ，辱ずかしめられた過去において体得

した本能的な嗅覚がそうさせるのだ」

　自閉症の当事者や苦しみを抱える親・家族に通底する感覚がここにはあるのではないだろうか。仮に，ミヤシタさんがある“方法論”から外れていたとしても，彼は苦しむユウイチロー君の側に立ち続け，待ち続けた。苦しむ人が求めているのは，目の前にいる人間のひびきであり，逃げることなくそばにいてくれる人ではないだろうか。

　上映を通し，各地で忘れられない出会いがあった。なかでも，同じような障害のある子をもち，社会から孤立し悩み，途方に暮れている母親たちの姿が心に焼きつく。子の自立に向けた取り組みをはじめ，十数年ぶりに外で働き始めることが叶い「ようやく自分の人生を取り戻した」「世の母親たちを，もう解放してあげてほしい」と声を絞り出した母親の，その泣き顔。肩で息をしながら今日も子と向き合う親たちを思う。映画に映る暮らしが，行き場がないとあきらめている人の一縷の望みになってほしいと願い，上映してきた。助けてと手を挙げてほしい。ここにいると声を出してほしい。何もできはしなくとも，人間のひびきだけをもって，隣に立つことから始めたい。

第8章

親としてできること，親にはできないこと

「対話」から始める「脱！強度行動障害」を観点としたまとめ

伊藤あづさ

一般社団法人 ぶれいん・ゆに〜くす

　「強度行動障害」と呼ばれる重篤な困り感を呈する方たちがいる。多くは，暴れたり，自傷が激しかったり，不適切と思われる行動でしかその困り感を表現できずにいる自閉症の方々である。

　「言葉だけでのコミュニケーション手段では，自分の意思（喜怒哀楽の感情や，願うこと，困っていることなど）を相手に伝えることが困難で，混乱と戸惑いの中で24時間365日過ごすことを強いられている状態像」と，私は解釈している。言葉でのコミュニケーションができる・できない，知的な高低にかかわらず，「伝わらないもどかしさ」を，暴れる，他人を傷つける，破壊する，自分を痛める等の行為で表現しているだけで，誰もそうした状態の自分を望ましいと受け取っているわけではない。また，自閉脳の特性をもっていれば，いつでも誰でもそうした状態を呈する可能性を秘めていると考えている。

　では，どうしたら自閉症という特性をもって生まれてきた私たちの子どもが，「生涯にわたって，安心で安定して尊厳の保たれた豊かな人生をまっとうする」（TEACCHの理念）ことができるのか。筆者が親としてできたことやできなかったことを振り返りながらまとめてみたい。

　4歳で「自閉症」と診断された息子は，26歳になった今，穏やかな日常生活を送り，働いて人の役に立つ成人期を迎えている。TEACCHアプローチ

と，中邑賢龍先生の「自己選択が自己決定につながり，自己決定が自立につながる」という言葉との出会いが，すべてのスタートであったように思えている。

診断から学齢期

息子が診断を受けてから間もない時期に，当時，宮城県中央児童相談所の所長でいらした本間博彰先生から教えていただいたのが，TEACCHアプローチと服巻智子先生の存在であった。

それは，自閉症という障害特性をもったわが子にとって「あったらいいな」の知恵にあふれていた。

TEACCHアプローチについてはここでは多くは語らないが，「自閉症のある子の親になる」ことなどまったく予想していなかった筆者を，混乱から安堵へと導いてくれた。そして，「理解する」ためには「自閉症を学んでください」と教え導かれた。

私自身が心臓に大きなリスクを抱えて生まれてきていた。そのため自分が親になれるとは考えたことがなく，子どもの扱い方がまったくわからない，40歳で母となった身には，「愛情だけでは育ちにくさのあるわが子」は，とても「苦しい」存在でもあった。

なぜ苦しかったのか？

知的障害のある自閉症の子どもの多くは，健常児としてこの世に生を受け，すぐには「障害」があると気づかれないことが多い。障害のある子どもの母親としての心づもりも覚悟もないままに授かったわが子の「違い」は，眠れない，愛着的な交流が難しい，こちらの意図がまったく伝わらないなど，「ややこしさ」として発現し，新米母はその「ややこしさ」に戸惑い，翻弄されていた。

夢に見ることすらなかった結婚をして授かったわが子は「神様からの贈り

物」としか思えず，メチャクチャ可愛かった。たくさんの人から愛されて，「可愛いこーちゃん」が自慢だった。

　だけど普通の子とは少し違っていた。

　ピーナッツは食べるものではなく，1つひとつまぁるく並べて遊ぶもの。

　レゴブロックは縦に積むだけ。

　滑り台は怖くて怖くて滑れません。

　ほかの子どもたちと「違う」振る舞いに，私はどこかでイライラしていた。

　叶わないと思うからこそ，カッコよくて，爽やかで，頭がよくて，誰からも好かれる子どものお母さんになりたかった。だから，理想とは違う子育ては苦しかった。

　そんなときに服巻智子先生に導かれ，TEACCHアプローチの創始者であるエリック・ショプラー先生やゲーリー・メジボフ先生から直接本当の自閉症支援を学ぶことが早期に叶ったのは，とても幸運だった。智子先生に絶大な信頼を抱いた私は佐賀まで何度も通わせていただいた。智子先生が起点となり，自閉症の人たちに敬意をもち，彼らとの時間を「楽しい」と言って好いてくださるたくさんのジェネラリストたちと出会った。このことが，今，息子が，強度行動障害と呼ばれる行動を呈しないことにつながっている。

　そしてもう1つ。

　自閉症の人たちの「違い」を知った頃，情報福祉という当時はまだ新しい研究分野の教員として出会ったのが中邑賢龍先生だった。AAC（拡大代替コミュニケーション）という分野の先駆者であり，言葉だけではコミュニケーションをとることが難しい重度の身体障害や知的障害のある方々が「伝わり叶う」ことから拓かれる可能性に取り組んでおられた。

　言葉以外の道具や技術を使えば，専門的な知識や技術をもたない親であっても，「すべ」があることを具体的に示していただいた。

　コミュニケーションの目的は「自分で選び，自分で決め，願いが叶う経験につながること。その先に『自立』が叶うこと」という賢龍先生の説明は，大きな衝撃であり，ある意味新鮮なことでもあった。子どもの幼少期にこの考え方に出会えたことは，大きなターニングポイントになった。

それまでは，たとえば暑い夏に幼稚園から家に帰ると，同居していた筆者の母が「こーちゃん，暑かったよね」と，何の疑問もなくコップに入った牛乳を差し出し，息子も受け入れていた。この頃の息子は「No」と言わない，拒否することもない，実に受動型の状態像だった。

そんなときに出会った賢龍先生の「自己選択は自己決定につながり，自己決定が自立につながる」という言葉に強く衝撃を受けた。頭をガツンと殴られたような感じだった。

その後，保育園から帰ると冷蔵庫の扉を開け，「こーちゃん，暑かったよね。牛乳と麦茶とコーラがあるけど，どれにする？」と聞くことが当たり前になっていった。すると息子は喉越しの刺激が感覚的に快であったのか，迷わず「コーラ」を選び，実に満足げに飲み干した。

「頑張れば自分で選んで決めることを保証され，欲しいものを手に入れられる」という経験のスタートとして，「保育園から帰ったら自分の飲みたいものを自分で選び満足する」という嬉しい体験は，育ちの大きな後押しになった。

TEACCHアプローチで学んだ「見通しのある暮らしによる安定し混乱の少ない生活」の実現と，賢龍先生の教えから気づいた「選び伝え，願いが叶うこと。頑張ればいいことがある」経験の積み重ねこそが，重い障害特性のある自閉症の息子の今へとつながっていると思える。

学齢期は，息子の障害特性の現実を知り，明るい希望はなかなかもちにくかったが，みずから求めれば「学ぶ」環境が整う経験もたくさんすることができた。

また，「発達障害者支援法」成立に向けて，発達障害のある人の支援や権利についての法律の整備にかかわるなかで，名古屋の「カイパパ」さんに出会った。その親としての行動力やエネルギー，そして組織をまとめる姿に接し，「親だからできる」ことをたくさん教えていただいた。カイパパさんは，2004年11月21～23日，ご自身が運営するブログ『カイパパ通信blog ☆自閉症スペクタクル』で呼びかけ，わずか3日間で，当事者・親・支援者120人の声が集まった。その声は「発達障害者支援法の成立を願う120人の当事者の意見書」としてまとめられ，国に届けられた（http://kaipapa.livedoor.

biz/archives/9832320.html）。発達障害者支援法は2004年12月に制定され，2005年4月に施行された。

　カイパパさんは記している。「障害がわかったときの混乱　→　一時の安定と未来への希望　→　惨めな学校生活　→　卒業後の見通しのなさ，不安　→　厳しい現実『働けない』『居場所がない』……これが，私たちの置かれた『ライフステージ』です。バラ色の未来なんてどこにもない現状です。これを放置しておいてはいけない。それが発達障害者支援法の出発点」と……。親であるからこその強い想いである。この声は日本自閉症協会の手で確実に国に届けられた。そして大きなうねりとなって，親も国を変えられることを実感した。

　この法律はその後2016年に改正され，理念と現実の支援体制の両面でさらに強化された。このことは，筆者のその後の事業者としての立ち位置のうえでも大きな出来事であった。

　「『あったらいいな』を叶えていく」。お金も後ろ盾も何にもないお母さんたちが「未来創生」のために立てた事業方針は，決して絵空事ではないことが示されていった。

　この頃，筆者が親としてできたことは，
　・子どもの未来を諦めないこと
　・子どもの幸せを願い続けること
　・自閉症とその支援の理念を徹底して学ぶこと
　・子どもと一緒にやってみること（そのことでその子が見えてくる）
　・子どもと共に成長すること
　・「自閉症でいい」と覚悟を決めること
　親だからこそ，生きにくさをもつわが子を幸せにしたいと，ガムシャラに学び続けた時期なのかもしれない。

学齢期から思春期へ

　引き続き「自閉症の本質」を学び続け，全国の専門家のみなさんや親御さ

んとのつながりを深めていた時期である。相変わらずガムシャラであったと振り返る。

なぜそんなにガムシャラだったのか。以下のような背景がありそうだ。

わが子が自閉症とわかり，親の会の先輩方との出会いがあったこの時期，多くは30歳を超える年代の方々の親御さんたちが会の中心を担い，ご苦労されていた。

そうした親御さんたちが自閉症の子を授かり子育てをされていた時代は，TEACCHアプローチも現在のように日本で広がっていなかった。自閉症の特性を親が丁寧に教えられ，対応法を提示されることもなかったかもしれない。子どもたちの幸せを願うことは同じであったはずだが，情報が届いていなかった。

だからこの当時の先輩お母さんたちの多くが手探りで子育てをされていた。みな懸命に子どもと悪戦苦闘していた。

初めて親の会の例会に参加したとき，一番最初に言われたのが，「思春期は大変よ」という言葉だった。それだけ思春期に荒れる子どもが多かったのかもしれない。しかしその言葉には希望のひとかけらも感じられなかった。

子育ての悩みも，将来への不安も，日に日に増すばかりであったし，わが子にとっての「あったらいいな」はどこにもなかった。

電車で自閉症の人と出会うと目を伏せる人。次の駅で車両を変える人。寝たふりをする人。

疎ましい存在と思われているように感じて，とてもつらかった時期である。

待っていても何も変わらなかった。だけど，息子を幸せにしたかった。諦められなかった。

「親のこの私が何とかしなければ，息子は何ともならない」という気持ちに突き動かされていたように思う。

一方，なついてこない息子の「愛着」に苦しんでいた。

なぜ「愛着」を示さない息子の振る舞いに翻弄されてきたのか。重要なことは，筆者自身が「自分の人生を自分で決めてきたのか…」。そこに答えが隠されていたように振り返っている。

体が弱く，常に親（とくに母親）から守られ，先回りして安全を保障され続け，反抗することもなく大人になった私は，「自分で選び決める」経験をほとんどしていないことに気づいた。卒業後の息子の人生と向き合い始める直前にそれに気づけたことが，息子の今につながっていると感じている。

　学齢期は，息子の障害特性の現実を知り，明るい希望はなかなかもてなかったが，みずから求めれば「学ぶ」環境は整う経験もたくさんすることができた。

　この頃，親としてできたことは，重複することも多いが

　・子どもの未来を諦めないこと
　・子どもの幸せを願い続けること
　・子どもを一人の「その子」として尊敬すること
　・子どもと共に成長すること
　・そのための努力を惜しまないこと
　・「小さな親切，大きなお世話」をしないこと

だったと感じる。

思春期から成人期へ

　2007年，息子が学齢期から思春期に移行する頃，大学の教員を辞し，自分で福祉事業所を立ち上げた。「待っていても何も変わらない」という想いは変わらなかったからだ。

　立てた指に止まってくださったのは，同じ立場，同じ想いの6人の親御さんだった。仲間として共に学び合った後，ニーズの深い「あったらいいな」の1つである「療育」的介入を公的に成せるステージとして，「児童デイサービス」事業を立ち上げた。

　TEACCHアプローチを軸に，自閉症の「その子」一人ひとりの特性に応じた個別のプログラムをつくり，わが子も含めて育ちの支援を行っていった。子どもたちは実に自閉症らしく振る舞い，そして自閉症らしく身の回りで起きていることを理解し，落ち着いた生活を実現していった。

その後，息子が思春期に差しかかる2011年，成人期支援の事業をするために法人を分けていただいた。息子のような知的障害のある子どもたちにも一般就労が叶い，経済的にも自立した「未来」を創っていくことを理念に事業者となり，今日に至っている。

　学齢期から思春期に，そして思春期から成人期へと移行する時期に，多くの自閉症の子どもたちや成人の方々，その親御さんに出会えたことで，自閉症の人たちが「人として生きていく力をもっている」ことを教えてもらった。同時に，この数年間の周囲の理解や特性に合った配慮の有無，本人の自己理解への支援が，後の成人期につながる大事な時期であることも痛感した。

　知的障害を合併する息子に，メインストリームと呼ばれている定型発達者が多数派である地域社会で巻き起こっていることを，一人ひとりの「その子」にわかるように方略を立てて伝えること，不安なく過ごせる「見通し」のある日常を構築していくことは可能であること。そして「選択」のできる日常が，自閉症には難しいとされている「切り替え」や「Noと言うこと」を可能にし，人への信頼を築く礎となることを，息子を通して確信した時期である。

　筆者の事業所でライフスキルを習得し，「一人でできること」がどんどん増えていく子どもたちの姿は，療育を仕事としている者として大きな喜びであり，やりがいでもあった。

　一方，家に帰ると，「何でもおばあちゃんにしてもらっている」息子が目の前にいた。

　息子は穏やかで受動型の典型のようだった。「自分で決めて選ぶ」生活はすでに展開されていたこともあり，「頑張ればいいことがある」は叶っていたが，将来一人暮らしができるようなライフスキルはほとんど身についていなかった。「これはマズイ……」。現実を認めざるを得なかった。

　覚悟を決められたのは，今も息子の暮らしに深くかかわってくださっている「自閉症eサービス」代表の中山清司先生の存在が大きい。関西を中心に自閉症支援者育成にも心を砕いておられるわが国の自閉症支援のリーダーの一人である。

自閉症 e サービスの活動理念にある「自閉症 e サービスの実践は，未来に開かれています。そこに道路があり電気やガスが流れてくるように，自閉症支援が生活のすみずみにいきわたることが，私たちが描く未来の姿です」という言葉に触れたとき，「手放し委ねる覚悟」ができた。そして「大阪に来てくれるなら何とかするから」と言ってくださったことが，卒業後の息子のすべてのスタートにつながった。

　後に，自分自身が母から強い介入を受け続けて成長してきたことに反抗するように，息子の一人立ちを決めたのだということにも気づけた。

　この頃，親としてできたことは
・子どもの未来に希望をもつこと
・子どもの未来を諦めないこと
・将来を見すえて冷静に備えること
・子どもの自立のための後押しや手放し離れる覚悟をすること
・子どもの底力を信じて待つこと
・本人が「決めた」ことを尊重すること
・自発性に目を向け見つめ続けること
だと振り返っている。

一人立ち後

　そして今。

　息子は「ぷち一人立ち」から 8 年目を迎えている。「重度訪問介護」の仕組みを使い，一般就労して一人暮らしの自由を満喫している。

　18 歳で高等部を卒業した後，育った家を離れ，TEACCH アプローチの仲間の方々が運営している「自立訓練」「就労移行支援事業」に 3 年半通所し，その後，通信事業企業の特例子会社に就職して 5 年になり，この春から「無期雇用」に転換された。

　「働く準備」の 3 年半は，中山先生のご配慮もあり，福祉の仕事をしている若い方とマンションをシェアして暮らした。

初めて親元を離れても，「安心と安全」はとても大切なチェックポイントであった。ブックオフはある？　コンビニはある？　映画館はある？　住む家にインターネットの環境はある？　ケーブルテレビは見られる？……　それまでの18年間に叶っていたことが「変わらない」ことが確認できたら，すんなりと「18歳の自立」は成功しそうに思えていた。

　息子の「一人立ち」の経緯を筆者のブログにまとめている。その頃筆者が何を願い，何を準備し，何ができたかを読み取ることができる。少し長くなるが引用する。

＊　＊　＊

18歳の巣立ち（2014年２月17日）

　３月７日は息子の高等部の卒業式。本当にあっと言う間の３年間でした。

　入学当初は「一般就労しか考えていません」と言い放って，目の前の本人の状態像とのあまりの解離性に，先生方も開いた口が塞がらなかったことでしょう。就労支援を仕事の１つにしている私でも，実際に支援学校というステージにわが子がお世話になるまでは，本当の意味で知的障害のある自閉症の人たちが「働く現実」の厳しさを実感できませんでした。「普通に働く」ことが「当たり前」に叶うと思っていました。

　それが，とんでもない勘違いであったことを思い知るのに，時間はかかりませんでした。支援学校卒業後の進路の多くが「生活介護」であったり「継続Ｂ型」であったり……呆然としたものです。

　中学生の頃まで叶っていた同世代のこどもたちとの交流は，まったく断たれました。ヘルパーのお兄さんとの外出や「しゃ～れ」（注：筆者の運営する放課後等デイサービス事業所）のボランティアさん，職員との繋がりだけが，中学生まで叶っていた社会との接点になって行きました。「専門学校に行きたい」という願いをずっと持っていました。それは，何か特別の勉強をしたいという訳ではなく，普通にゲームの事や映画の事や昨日見たTVのことを「共通の話題を持てる人との交流」が欲しかったのです。職場実習でお世話になった企業さんからもとても大

切にしていただきましたが，直ぐに就労する気持ちは全然湧き起って来ませんでした。「学園生活」への未練がずっとあったのです。

　つい昨年の夏まで，私は息子とずっと一緒に暮らし，いつか住む家を法人に渡し，いつかはケアホームにして，息子の生活環境は一生変わらないことを望んでいました。それが，彼の生活の安定に繋がると信じていたからです。だから，ずっと仙台の街で，わが子がわが子らしく納得できる卒後の進路先を探し続けていました。就労移行の事業所を作ったのも，もちろん息子のためでもありました。

　それが……昨年の秋前，息子の職場実習が終わった頃に"お母さんと一緒って，本当に良いの？"とフトそんな気持ちが湧き起って来たのです。孫が不憫でお世話を止められないおばあちゃんの存在も「自立」のためには大きな阻害要因でもあったり。

　さらに"いつ何時私が倒れたり，動けなくなったり，命が無くなってしまったりすることがないという保証はないんだよね。兄弟も親戚もない我が家がそうなった時に，突然今まで住んだこともないところで，知らない人たちに囲まれて，今まで叶っていたことも叶い難い生活が来るんだよね……"って……。「親亡き後」の心配なんかしないために，仲間のみんなと一つ一つ事業を展開してきたけれど，私たちのようなお金も後ろ盾も何にもない組織では，息子には「間に合わない」かもしれない。そんな「現実」にガーンとやられました。

　幸いにも福祉や市民活動やソーシャルビジネスやドリプラでご縁をいただいた方が全国に居てくださいました。"沖縄でも北海道でもどこでも良いや……本人が納得できる環境と人にご縁が出来て，出来ればグループホームやケアホームではなく，一般の方たちと共に暮らす「シェアハウス」のようなところで，障害があってもなくても「人」として尊重し合える人との暮らしが叶ったら……きっと息子たちの新しい暮らし方が実現できるかも"。名古屋の「むそう」さんにも見学に行きました。東京に新しく出来る「カレッジ早稲田」さんも訪れました。東京の大きな法人の役員の方にも親身に相談に乗っていただきました。小さい頃からお世話になってきた支援センターの方にも想いを聴いていただきました。誰一人，こんな無鉄砲な思いつきを否定せず耳を傾けて下さり，それぞれの方が出来ることを考えてくださいました。

そして今日，大阪の高槻市にある「ジョブジョイントたかつき」さんから受容れをしていただけるとのご連絡をいただきました。直接繋いでくださったのは，研修でずっとお世話になってきた中山先生。息子が求めていた「イケテルお兄さん」たちは，震災復興でご縁の出来た大阪の若い福祉事業の担い手の皆さんが，憧れの人になりました。

　人生には思いもよらないことが起きます。息子と「離れて暮らす」なんて半年前までは考えてもみないことでした。背中を押されたのはあるおかあさんの一言。「18歳は普通の子でも進学や就職で家を離れていく年齢でしょう？」って。支援センターの方も「今ならまだお互いに若いんだから，いつでも行ったり来たり出来るしね」って。障害のある子だからこそ，“ずっと自分の側に置いておかなければ”と思っていたけど，「18歳の巣立ち」って「当たり前」なんだよねって。す～っと，気持ちが楽になりました。決まってみるとなんかね，「いきおい」と「たいみんぐ」かな？って感じです。ハッとさせられる言葉や諭して下さる方との出会いがあって，そこにちゃんとお膳立てをしてくださる方がいて，憧れるようなイケテルお兄さんたちに出会っちゃって……そうしたら本人が「その気」になって。少しだけ安心させてもらっています。

　私はこれからも仙台で，変わらずこどもたちが「自立」していく仕組みと向き合い続けます。いつか逞しくなって息子が戻ってきて，仙台に出来た「シェアハウス」から仕事に行って，こーちゃんらしく映画に行ったり本屋さんに行ったりする楽しみも持って，尊厳の保たれた生活が叶ったら最幸。もちろん，ずっと「高槻の人」になっても良いという覚悟は出来ていますよ。

　「幸太朗心と秋の空」……春まで気持ちが変わりませんように。

＊　＊　＊

　7年経った今でも，このときのことは鮮明に覚えている。

　今では，息子はずっと「お気に入り」の大阪の街で暮らせばいい，とも思えるような「人を信頼できる自閉症」の青年になり，働く場でも，日々の生活の場でも，身近にいてくださる方々に大切にされて，実に明るく能天気に「青春」を謳歌している。

高槻では2014年に知的障害のある人でも給付を受けられるようになったはずの「重度訪問介護」がどうしても叶わず，「必要な支援を必要なだけ受けて自立して生活する」ことは叶わないのか……と打ちのめされ，何度も諦めかけた。

　それでも，諦められなかったし，一緒に考えてくださる方々の存在にずっと支えられてきた。「伊藤さんは幸太朗くんのためだけに頑張っているんじゃないでしょう？」と，原点に立ち戻るために背中を押し支えてくださる方にも恵まれた。

　そして今，26歳の青年になった息子は，診断直後に聞かされた「大変な思春期」もやり過ごし，「強度行動障害」を呈することもない。

　繰り返しにはなるが，

　・子どもの幸せを願い続けること
　・子どもの未来を諦めないこと
　・子どもの未来に希望をもち続けること
　・子どもを一人の人として尊敬すること
　・自発性に目を向け，見つめ続けること
　・どういうときにどういう人が傍に必要かを見極め環境を整えること
　・親であり続けること

に努めてきたことが拓いた未来なのかもしれない。

　そう努め続けられたことには，1つのきっかけがある。「ドリームプラン・プレゼンテーション」との出会いであった。

　2011年，東日本大震災の年，ソーシャル・イノベーターとしての役割を担いながら出会ったのが「ドリームプラン・プレゼンテーション」である。東京ドームシティホールで，2000人の観客に向かって「自分の夢を語り，共感から応援へと動いてくださる人のつながりを創る」という起業家育成のプログラムだった。

　率直に，「2000人の人たちに私たちの子どものことを知っていただけるチャンス！」と思えた。そして「自閉症／発達障害のあるご本人とご家族の未来創生プロジェクト～あたりまえを諦めない～」というテーマでこれに臨んだ。

全国から選出された19人の仲間とともに，「なぜその夢を諦めないのか。夢が叶ったときの世界観を10分間のプレゼンテーションを通して伝える」という課題に，150日を超える時間の中で向き合った。自分自身と，仲間との相互支援の中で対話し続けた。

　そしてたどり着いたのは，「それは……おかあさんだから」という一言であった。

　結婚して子どもを産むという選択が望めない大きな心臓の病気をもって生まれてきたことから，親の敷いたレールを何の疑問もなく歩んできた自分自身を問い直す機会でもあった。

　物言わぬ（言えぬ）息子との母子関係の現実は，憧れていた「母親」になれた私に，「愛着」という新たな課題を突きつけていた。言葉でも心でも対話が成立しない。むしろ「おかあさんを嫌いなの？」と思える疎外感にずっと苦しんでいた。

　そんな苦しみの気持ちを受け止め整理しながら，「おかあさんだから」にたどりつく道筋は想定していないものだった。

　当時，ほかの子どもたちと「違う」わが子の振る舞いにどこかでイライラしていた。「理想」とは違う子育ては苦しかったからだ。

　戸惑いやつらい気持ちは，「怒り」となって爆発したこともある。「もういいかげんにしてよ！」。想定外の激しい感情の発露である。

　そこで息子が言った一言，「おかあさんと仲良しになりたい……」。

　思わず息子を抱きしめて泣いた日。息子のこの一言に私は救われたのだ。

　そして未来をこう描いた。

＊　＊　＊

　子育ての悩みも・働く不安も・この先の人生も心配はいりません。

　自閉症であってもそうでなくても，みんなが笑顔です。

　一人一人が「大切に」されています。

　人の命が繋がれる限り，どこかで「生きにくさ」を持ったこどもたちは必ず生まれます。

でも，もう未来をあきらめなくても良いのです。

「一人で」頑張らなくても良いのです。

その子のままで尊重され，安心した生活を送ることができる。

「当たり前」をあきらめない。そんな社会が，ここにあります。

こーちゃんたちの「未来」のために私は決して諦めることはしなかった。

それは

「おかあさん」だから。

自閉症のその人として

当たり前に　働く

当たり前に　お給料をもらう

当たり前に　税金を払う

当たり前に　プレゼントをする

当たり前に　カラオケで歌う

当たり前に　好きな趣味を持つ

当たり前に　恋をする

当たり前に　家族と暮らす

そんな「当たり前」に囲まれて「かわいいこーちゃん」は明るく脳天気で素敵な青年になりました。

人に愛され，ほめられ，役に立ち，必要とされる

そんな自慢の息子に育ったことが私の「誇り」です。

＊　＊　＊

息子が成人を迎える直前に，「親とは何なのだろう？」「親になる，親であり続けることってどんなことなのだろう？」「子どもの幸せってどんなことなのだろう？」ともがき苦しみながら向き合うことができたのは，とても幸せなことだった。

あれから9年が経ち，このときお話ししたことのすべては叶っていない。けれども，息子の未来はほぼこの通りに実現しつつある。「ぷち」から本物の「一人立ち」へと歩み始めている。何よりも親の干渉から解き放たれ，自

由を謳歌している。

　一方で，子どもに振り回されること，離れた息子の「独り」にザワザワすること，思い通りにいかないことを嘆き悲しむことも，「親だからこそできること」かもしれない。

　それはとても率直な気持ちであり，そんな自分でもいいと思えるように，親も包み込む仕組みが今後は必要だと感じている。

　ヤン・カールソンは『真実の瞬間』で以下のように説いている。

　「人は誰も自分が必要とされているということを知り，感じなければならない。人は誰も一人一人の人間として扱われたいと望んでいる。責任を負う自由を与えれば，人は内に秘めている能力を発揮すること。情報を持たない者は責任を負うことができないが，情報を与えられれば負わざるを得ない」

　また，エリクソンは，「お母さんが子どもと一緒にいられることを幸福だと感じられたら，その子は幸福だと思える」という言葉を残している。物言わぬ（言えぬ）わが子たち，その親である私たちが「ややこしさ」のあるわが子と共に生きていくためにもとても大切な教えであろう。

　「子どもを大切にすること，自分も大切にすること」が叶う社会であってほしいと強く願っている。そして，「人に支えられ子どもと共に育つこと」が叶う社会であってほしいと願っている。

　そうしたことが実感できる親子関係を支え続ける仕組みは，「強度行動障害者」を生み出さない社会のために不可欠だと考える。それは，「対話から始める」というところから外れないように向き合う課題であろう。

　筆者自身を振り返って思うことは，「自分との対話」なのではないか。

　プライドと「べき」の固まりだった筆者が，スペシャルな息子を授かったことで始まった理想通りにいかない子育て中の苦悶。「違い」との向き合い。自分の「在り方」を問い続けた日々。

　息子の未来の幸せのための選択。物言えぬ息子の「愛着」に苦しみながらも捨てられた自分の価値観。

　それらはすべて，自分自身との「対話」の繰り返しだったように思えている。

今回のテーマをいただき，長い時間かかってたどりついたのは，「『親だからできること』は，親であればきっと個々の考える『すべて』なのだろう」という結論であった。

　そして仮に「親にはできないこと」があるとすれば，それは「客観的になること」であろう。

　このことは，尊敬し頼りにしている支援者のお一人である横浜市発達障害者支援センターの米澤巧美さんから気づかせていただいた。佐々木正美先生の教えを受け継ぎ，さらに前へ進めようと，論理的な視点をもちつつご本人や保護者を丁寧に導いてくださる若手支援者のお一人だ。

　未来を託す若手の支援者がこのような視点をもって親たちを見つめ続けてくださることは，親がわが子の未来を諦めないためにはとても重要なことである。わが子に対しての感情があるから「主観的」な判断をしがちになるのは親だからこそである。そのことは否定せず，包み込みながら導いていただけることを支援者には願いたい。

　わが子に「尊厳の保たれた幸せな人生を送ってほしい」という願いは，親であれば誰もが共通に抱くものである。わが子が混乱の中で激しい行動を呈することを望んでいる親は一人もいない。

　私たち親は，わが子の幸せな未来を諦めずに「親だからできること」をそれぞれの立場で1つずつ拾い出し行動する勇気をもちたい。

　支援者や学校現場のみなさんには，親も苦しんでいることを受け取り，否定せず具体的な方略を示していただきたい。その具体的な方略を，専門家ではない家族でも家庭で実践できるように育てていただきたい。

　「自閉症支援が生活のすみずみに」いきわたり，ご本人と家族とが「あったらいいな」と願うことがすべて叶う社会になることを，私はこれからも諦めずに親である自分と「対話」し続け目指していきたい。そして「ややこしい」子どもに翻弄され悩み苦しみ，学びを得たことで「だ～れもわるくなかったんだ」と気づけたことを，これからも伝え続けていきたい。

本人・親・支援者の関係性を考える

岡部耕典
早稲田大学文化構想学部

伊藤あづさ
一般社団法人 ぷれいん・ゆに〜くす

長瀬慎一
NPO法人 さるく

樋端佑樹
（司会）

自己紹介

樋端 みなさん，よろしくお願いします。まず自己紹介から始めて，お互いの原稿の感想や，このメンバーで以前も話題に出た「スキルか関係性か」というあたりのことを話題にできればと思っています。

　まず私の自己紹介ですが，長野県で精神科医をしています。頼まれたことで自分にできることをやってきたらこの領域に巻き込まれたという感じです。今，信州松本で強度行動障害の方が，なんとか生活できる態勢を作ろうというプロジェクトに取り組んでいます。この課題が地域に開かれていったことで，かかわる人が増えてずいぶん生活ができるようになって，本人のいい表情が見られるケースも出てきました。支援者も大変なときがあるんですけど，情報を仲間内でシェアすることで，「いけるんじゃないか」という気持ちも出てくるようになっています。私自身は，直接の支援はなかなかできないので，支援者のメーリングリストに「すごいね，いいね」と返して，後方支援をするという役割です。全国のみなさんからいろいろ教えていただきながらやってきています。

岡部 岡部耕典と申します。映画『道草』の主人公の一人である岡部亮佑の父親で，早稲田大学文化構想学部で福祉社会学や障害学などを教えています。

自分が『道草』の仕掛け人であることもあり，最初，樋端先生からこの企画のお誘いをいただいたときは，ちょっと緊張しちゃいました（笑）。もちろん療育そのものを否定しているわけではありませんが，療育的な考え方が重度知的障害／自閉の人の自立生活支援の基礎とされることについては批判的な立場でいろいろ言ってきたし，一方で，療育関係の人たちには『道草』でのヘルパーのかかわり方を疑問視する人もいることを間接的に聞いたりもしていますので。ただ，この座談会に先立って，児童精神科医である樋端先生，療育の専門家である長瀬さん，私と同じく重度知的障害／自閉の子をもつ親である伊藤さん，それぞれの原稿を読ませていただいて，みんな基本のところではそれほど違わないのではないかとも感じています。今日はよろしくお願いします。

伊藤　伊藤あづさといいます。私は仙台に長く暮らしていて，今は26歳になった，知的障害を合併する自閉症の子どもの母親です。息子がスペシャルな子どもだったことがきっかけで，大学の教員を辞めて福祉事業をしています。『道草』の宍戸大裕監督は私の地元の方で，これまで何度もお話をしてきました。私の息子は今，重度訪問介護を使って大阪で一人暮らしをしているんですが，その暮らしの同じところ，違うところ，いろんなことを感じながら，『道草』は観させていただきました。『道草』を観ていると，ざわざわした気持ちになる面があるのも確かです。宍戸さんとは何度も対話を重ねていて，宍戸さんが描きたかったのはこういうことだったんだなとわかって，でもまだお互いに「ここは違う」というところもありながら，いい関係をもたせていただいています。

長瀬　長瀬慎一です。横浜に「社会福祉法人 横浜やまびこの里」という，強度行動障害の方が40名いる入所施設があるのですが，その立ち上げにかかわり，それ以前も含めて，強度行動障害や自閉症の方にかかわってきています。ゲーム障害や青年期の嗜癖から，福祉や医療の対象になる方までを含めて，連携モデルの外にいる人たちの支援が僕の仕事の1つです。あとは放課後等デイサービスと児童デイサービスもやっています。そこは送迎車はありませんので，迎えに来てもらう親御さんには負担になりますし，DVDやお

もちゃも一切ありません。ひたすら学習です。あまり親御さんにとっては便利でない事業所です。地域で暮らすということにこだわって，儲けにこだわらず活動しています。

地域で穏やかに暮らすには

樋端 みなさん，自己紹介をありがとうございました。さっそく映画『道草』の話が出ました。この領域では，まだまだ親の立場で支援にもかかわっている方が多くて，そうならざるを得ない状況があると思います。ただ地域にも親にも知識や余裕がなく，虐待に至るような場面もいっぱい見てきました。いろんな成人期の自閉症の方を見ていると，もともと同じくらいの状態でも，選択肢の乏しい施設の環境のルーチンのなかで暮らさざるを得ない方と，そうはいっても地域でそれなりに役割をもち，選んだ暮らしをのびのびとされている方という，2つに分かれている気がします。重度の方は入院や施設に隔離せざるを得ないと思っていたこともありましたが，『道草』を観て「こういう世界もあるんだな」と感じました。支援はだいぶ変わってきていますが，大人になって大変な状態の方をどうしていけばいいのかということが私の課題意識です。そのあたりをどう見ていらっしゃるか，まずは長瀬さん，いかがでしょうか。

長瀬 私自身は，原稿に書いたとおり，強度行動障害は3日間あればプラスマイナスゼロにできると考えています。「えっ，3日？」となるけれど，72時間という時間はすごく長い。そこできちんと本人に向き合うんです。やまびこの里のボスである藤村出が言うのは，1日1時間1コマのミーティングをやって，365日365コマやっても，何も変わらない。それより，1日10コマ，1週間で70コマやるほうが問題は改善するんだということで，それが基本的な考えです。私自身，やまびこの里に行って，短期集中できちんと対話をすると，世の中から棄てられた40人の人たちが暴れないし，物を壊さないという，劇的な変化を目の当たりにしました。この人たちはわざと暴れているんじゃない，対話の不足からくるものなんだということが，身をもってわかりました。

もう１つ，スタッフの成功体験がとても大事だと思っています。やはりスタッフに成功体験がないと，見通しをもてない。成功体験を得ると「次はこうしてみよう」というアイデアも出てくるんですね。いろんな場所で親御さんやかかわる人たちと情報を共有して，密に対話して解決して，ご本人も親御さんもスタッフもWin-Win-Winになるように取り組んでいます。いろんな方法を使いながら，TEACCHもおめめどうもPECSも，全部ありという考え方です。

樋端　ありがとうございました。岡部さんはいかがでしょうか？

岡部　自分のやり方でうまくいっている，そういう意味では，息子・亮佑を含む『道草』の主人公の当事者の人たちも同じです。また，亮佑についていえば，日常生活で常時ヘルパーがついて生活をしている環境で，ヘルパーが療育を意識したかかわりをすることは必要ないし，それは両者の関係性においてはむしろ有害なこともあると思っています。『道草』をご覧になってもわかると思いますが，基本的に日常生活はヘルパーとの関係性のなかで回っており，卵やポテトをめぐる攻防なども含めて彼らのコミュニケーションは成り立っている。そういう意味では，『道草』をご覧になって，どのあたりがざわざわされたのか，できれば具体的に伊藤さんにうかがいたいところではあります。

伊藤　そうですね。私は，自閉症の人の文化に寄り添うことを大事にしていて，自閉症だからこそ穏やかな暮らしができる方法があるなら，そのようにしていけたらいいと思っています。うちの子どもは４歳のときに診断を受けて，ほどなくTEACCHと出会いました。TEACCHでは自閉症の文化を尊重することを大切にしていて，私たちが彼らに寄り添うということや，構造化は自閉症の方へのマナーだということを教わりました。強度行動障害になりたい人なんていないし，親御さんも誰も望んでいないと思うんですね。知的にどんなに低くて自閉症の特性として困難さをもっていても，穏やかで豊かな成人期を迎えられる人もいる。一方で，暴れることでしか自分の気持ちを訴えることができない人もいる。小さいときに暴れずに人に気持ちを伝えるという経験や，頑張ればいいことがあるという経験を積んでいれば，強度行

動障害になることは少ないと思うんですね。自閉症の子どもが，青年期を終えて社会人になって当たり前の生活を送れる，それが叶うにはどうしたらいいのかということに二十数年間取り組んできて，そのなかで出会った『道草』でした。あの映画を観ると，「亮佑さん，お鍋の卵を何回も食べなくてもいいのに」とか，いろんなことを思った自分がいるわけです。もちろん，岡部さんは以前「僕は今の亮佑で幸せなんだと思っています」とおっしゃっていたし，他人が介入することではないと思います。ただ，食事のシーンで，亮佑さんの言う通りに，支援者が求められた卵をその都度提供していて，しかも「1回だけだぞ」と言いながら繰り返されていることに，私はちょっと違うという感じをもってしまいました。亮佑さんがいま何を考え，何を欲していて，どんなことがしたいかを，自分から発して叶えている姿をあの映像から私はなかなか捉えることができなかったので，そこにざわざわしたんだと思います。

　主役は本人だということを私たちは忘れがちです。親はよかれと思って引っぱるし，お膳立てするし，私もそういう親でした。でも信頼できる支援者の方に「自閉症の人は文化が違う」と言われたときに，「ああそうなんだ。自分の思うように動いてくれず，手を叩く動作などしなければいいのにというのは，自分に恥ずかしい気持ちがあったんだ」と気づきました。息子に対しては，親というよりも人として私を成長させてくれた感謝の気持ちがあります。亮佑さんが強度行動障害だとは私も全然思いません。でも，他の事例で公園を歩いていて「ター」と言ったら振り向いてくれる人がいるというのが強化子のようになっていて，それはやりとりを楽しんでいるという見方もできる，だけど私は「そうなのかな」と。成人期も含めて荒れることでしか自分を表現する術をもたない人たちをたくさん知る支援者の私からすれば，そうならなくてもいい育ち方があったのではないかと思えるんです。だとすれば，自閉症の子どもを育てる親御さんたちには，自閉症の人たちに合ったこんなやり方があって，やってみたらうまくいくかもしれない，近くにいい支援者がいなくても，長瀬さんという人が福岡にいるよとか（笑），そうやって人をつなぐことが自分の仕事なのかなと今は思っています。

私の息子は強度行動障害になっていないけど，区分は6です。自閉症の困難さを訴えて，それを評価として捉えられる認定員の方がいる地域だから区分6となったわけです。その前に暮らしていたところではそれは一切認められず，支援は叶いませんでした。でも，地域差があるからこそタフな一人の成人になっていけたら，幸せになる道ができる。進んでいくなかで時々立ち止まったり，戻ったり，いろんなことがあるけれども，状態として答えを示してくれるのは本人しかいないですよね。そういう意味で，亮佑さんはとても穏やかで落ち着いた生活を送っておられると思っています。

親のあり方と子どものあり方

岡部　ありがとうございました。うかがっていて，『道草』での同じやりとりに対して受けとり方が違うのは，「多文化共生」の考え方が異なるからじゃないかな，と思いました。少し脱線するかもしれませんが，私は大学時代，カウンターカルチャー，いわゆるヒッピー文化やその運動に関心をもっていて，自分自身もそれに結構はまった生活を送っていました。自立生活運動もそうですが，自閉の人たちの文化も私の捉え方ではカウンターカルチャーだし，行動障害も健常者のマジョリティ文化に対する異議申し立てとして捉える必要があるんじゃないか，って思っているのですけどね。その意味では，「対話」は必要だけど，一方的に「配慮」されるのではない対等の関係だと思いますし，『道草』でのヘルパーとのやりとりもそういう視点でみれば少し変わってくるのではないでしょうか。

　えーと，ちょっとわかりにくいですね，すみません。

樋端　周囲の支援者と，相互交流というか，対話を続けてらっしゃるということですよね。必ずしも洗練されたツールを使ってではないかもしれないけど。

岡部　そうですね。そうともいえるかも。加えて，亮佑のヘルパーの人たちは，亮佑に寄り添うアドボケイト（権利擁護者）なんですよ。自閉症の人にもそれぞれ違った個性があるわけで，亮佑は結構やんちゃでイケイケのタイプじゃないかと思うんですけど（笑），それをヘルパーの人たちは抗いつつ

支えている。あと，就労についてですが，僕自身が，「人は社会のなかで賃労働をしなくてはならない」という考えから距離を置きたい人間なので，障害のある人が就労しなくちゃいけない，とも思っていません。亮佑は生産性と自己責任論をよりどころとする近代社会とは別の文化の人間ですから。もちろん働きたい障害当事者が必要な合理的配慮の提供を受けて他の者と平等に働けることは保障されなければなりませんが，それが「障害者も働くべき」とか「働く障害者は偉い」に回収されないように気をつけないといけないと思います。

伊藤　岡部さんのおっしゃることは頭では理解できるんですけれども，世の中のメインストリームの人たちと彼ら（自閉症の人）が同じ人権や尊厳の保たれ方をしているのかというところに私は目が行ってしまうんです。親の立場が多様だというのは，その通りだと思うんですが，自閉症で生まれてくる子どもたちが，親によって暴れるかどうかの違いがあるとすれば，そのことは受け入れにくいなと思っています。

　私は大きな心臓の病気をもって生まれて，結婚することも子どもを授かることも無理だろうと言われて，女性でも一人で生きていかれるように育てられて見栄とプライドだけが大きくなって，正義感がそこに加わって，一番人に嫌われるタイプの人間として，息子を授かるまでずっと生きてきたんです。そのことにあまり疑問をもたなかったのは，私はそれしか知らないで育っているからです。親からそうやって道を作られて，そこに反抗することがなくて，"〜べき"が強い私は，息子が自閉症で生まれたときになかなか受け入れることができなかった。息子が自閉症とわかったとき，どこかに「嫌だな」という気持ちがあったんです。

岡部　僕は息子に対して嫌だという気持ちはなかったです。自分自身がメインストリームに乗っかることが嫌な人間で，でも彼が生まれた当時，そういう生活をしていたものですから，彼に僕自身のその後の生き方を示唆してもらったというか，むしろ彼に楽にしてもらったという思いがあります。

伊藤　私はそういうふうに思っていた人間だったんですよ。でも，TEACCHと出会い，息子はこんなに困難なところで生きているんだとわか

ったときから，少しずつ自分の気持ちが変わってきて，「このままでいいんだ」と思うようになってきました。重たい特性をもっていてもこんなに素敵な笑顔を見せてくれるということが，私が親であることを受け止めるきっかけになっていて，そうでなければ施設入所の道を選んだかもしれません。そういうことを自己開示できるようにしてくれたのも息子だと思っています。

　繰り返しになりますけど，親はみんな違う，でも親のせいで望むことが叶わなかったり，家族から切り離されるような生活を強いられる子どもがいる現実があります。みんな手立てがなくて困っているだけだと思うんです。今はいくつか自閉症の人に向けた手立てがあるから，それをやってみたらもっと違う生活になるんじゃないかと思うし，「いくつになってからでも遅くない」と合言葉のように言っているんです。

療育とパーソナルアシスタンスをめぐって

長瀬　療育を代表して言いたいんですが，「療育はいらない」と岡部さんはおっしゃられて，それについては，ちゃんとした療育者がいなくて申し訳ないと思います。僕自身，いわゆる療育というと，子どもに対して文字や数や「手はお膝」，子どもに詰め込むようなところに偏りすぎていると感じています。とくに最近，「ABAセラピー」という用語が流行っていて，それに対して僕は非常に反発しているんです。たとえば鉛筆の絵カードを見せて「これなーに？」と言って，子どもが「えんぴつ」と言えたら，麦チョコを渡す。どこに文脈や機能性があるんだ，と思うんです。でも世の中にあふれる療育はそうなっているんですよね。僕はABAをベースにしていますが，エサで釣るようなことはしません。療育ではお母さんが中心になりますけど，お母さんと子ども，お互いがWin-Winになることが大事なんですね。母子で来ていただいて，私たちがやったことを，お母さんにその場でやってもらう。たとえば，スーパーでの買い物中にトラブルがあるのなら，僕がスーパーに一緒に行って，お母さんと一緒に地域社会のなかで問題を解決する。僕たちがうまくやるだけでは意味がありませんので。つまり，困りごとの表現手段がわからないお子さんと，お母さん，場合によってはお父さんにも，うまくい

くという成功体験をもっていただくということです。

　QOLが高まらないと意味がないんですよね。選択肢が子どもに増えるということ。適切な行動を増やして提供したときに選ぶのは本人，当事者なんですよ。違う選択肢を「これでいかが？」と利用者さんに提供したときに，それでも「こっち」と選ばれるなら仕方ないけれども，ほとんどの方はさまざまな利用しやすいツールを選ぶので，「これを使え」ではなく，行動レパートリーが増える，QOLが高まる選択肢を提供する。そこまでが支援者のできることで，使うか使わないかは本人次第だと思っています。だからテクニックではないし，ちゃんと対話をして，機能的で本人の使い勝手がいいものを「どうですか」とサーブするこちらの姿勢が必要で，単に文字や数を教えるだけが療育ではないと思っています。

樋端　どういうツールを使うか，青年期に親元を離れて一人暮らしするかなども選択肢の提示ですよね。まず体験がないとツールの便利さも伝わらないし，一人暮らしの大変さも気楽さも味わえません。そういう選択肢をすべての方に提示できればいいなと思います。

岡部　長瀬さんのお話も伊藤さんのお話も，興味深くうかがいました。私はヘルパーが療育的かかわりをすることを問題視しているのであって，療育やコミュニケーション支援をひとくくりにして否定しているわけではありません。ただそれはそれとして，僕はお二人のかかわりにも「評価」みたいなものを感じるんですよね。伊藤さんは文化に寄り添うとおっしゃっていて，長瀬さんは行動変容の前にQOLを高めることが必要，と。まったく同感です。ガチガチの行動療法みたいなものへの反発は私も共有している前提で，それでもどこかに，「本人のあるべき姿」みたいなものが暗黙の前提として存在しているような感じがして。もちろんそれは教育や治療の指標としては必要なものだと思います。でもそれが日常生活を共にする親やヘルパーの人たちが当事者主体でかかわる，当事者のありのままの文化を認めることとどういうふうに接続されるのか……。樋端さんの表現を借りれば，亮佑のヘルパーたちは「洗練されたツールを使っていない」かもしれないけれど，そもそも彼らは教育者やセラピストではなく，亮佑と「共に生きる生活者」ですから。

亮佑がいろいろとやらかしたときにヘルパーたちがよく言うのが，「亮佑って，面白い，楽しい。すげーな」という言葉です。社会にとっての問題となる行動などを含めて，本人の主体性や発露に対するリスペクトのようなものが彼らにはある。それが亮佑の自尊感情を育て，安心基地となってヘルパーとの関係性を支えている。コミュニケーション支援がうまくいっていなかったり，問題行動を強化していたりするように見えるかかわりの根っこの部分にも着目してほしいと思います。

伊藤 私の言い方がまずくてうまく伝わっていないのかもしれません。先ほど申し上げたように，親によっての背景，人生観，価値観が違うので，それぞれでいいんだと思っています。ただ何度も言いますけど，行動障害になることは誰も望んでいなくて，それを作り出しているのは私たちだと思っているんです。子どもが小さい頃に入所させるという話はほとんどなくて，たいていは在宅で過ごされるじゃないですか。でも，今はお母さんたちが早いうちから子どもを手放して，いわゆる療育機関と呼ばれるところに託す。それが丸投げになってしまっているのではないかという危機感があるんです。

岡部 そこは同感です。でもそれは「親が療育の専門家になる」とイコールではないと思います。あと，ちょっと気になるのは，小さい頃からの入所はないとおっしゃいましたけど，自閉の人たちが思春期に激しい行動障害を起こして入所することは現在でもよくありますよね。現在の入所施設は生活施設ではなく訓練施設であり，基本的には療育の場と位置づけられていて，一定期間入所して，環境整備と療育で社会に適応できる状態にして地域に戻していくという，制度的にはそのような役割とされています。実際にそうなっているかどうかは別として。そうなると，自閉の人たちは，療育機関でも入所施設でも家庭でも，すべて療育の枠組みで対応されることになりかねない。加えて，行動援護などの地域で生活する重度知的障害／自閉の人のヘルパーの支援まで療育の考え方と理論で基礎づけられた研修が行われるとなると，本当にそれでよいのか，と。

　入所施設といういわば「療育道場」で獲得された行動変容が地域生活という「実戦」の場に戻って本当に役立つのか，"道場の剣法"にならないだろ

うか，という疑問もあります。地域で共に生きて当事者の主体性を擁護し自尊感情を育むべき親やヘルパーが「療育の専門家」のアイデンティティをもってかかわっていくことは，果たして好ましいことなのでしょうか。

伊藤 私の経験で言うと，息子を授かって自閉症とわかった直後ぐらいに，尊敬する専門家の方から「人に好かれなくてもいいから，嫌われない子に育ててね」と言われたんです。「友だち100人はいらない。大人になったときに，5人の大人とそこそこうまくやっていければ生きていける」と言われて。そのことは"道場の剣法"どころじゃなくて，息子は社会のなかで生かしていると思っているんです。暴れたり，歯向かったり，機能が高い子どもたちのように理論で論破しようとしたり，そういう面倒くさいことがなければたぶん嫌われないと思うんですね。嫌われないために何を身につければいいかというと，難しいことではなくて，「嬉しかった」ということを表現したり，「お願いします」と言われたら「ありがとう」と言えたり。今は人に対して最低限の礼儀を示して，暴れたりヘルパーさんを困らせたりすることがほとんどない生活を見ていると，免許皆伝はもらえたのかなと思っています（笑）。

岡部 私は，別に息子をいい子にしたいとは思わないんですよね。もともと彼はいい子のタイプじゃないし（笑）。もちろん嫌われて排除されるのは困るけど，それもヘルパーがいつも一緒にいて，それなりに社会との関係を調整してくれることを前提としてそこそこやっていければいいと思っています。私自身も含め，障害のない（とされる）人たちだっていい人ばかりじゃないし，何かをやらかしちゃう人もたくさんいるわけですから。

伊藤 重度訪問介護を使って独立生活をしていますけれども，パーソナルアシスタンスの考え方はとても大事で，支援者数の限界であるとか，自閉症の方に寄り添えるパーソナルアシスタントがいるかとか……。なかなか自閉症の人たちの世界で広がらない，制度が利用者とともに広がっていかないんだと思います。私は誰でもいいとは思っていないので，彼らがパーソナルアシスタントを得て一人暮らしをしていければ最高に幸せだと思います。今，うちの息子の何がいいって，一人は自由ですよ。自由を謳歌しています。

岡部　『道草』の上映会でトークとか講演に呼ばれていくと，「重度知的障害／自閉の人にも重度の肢体不自由の人たちみたいにヘルパーによる支援を使った一人暮らしができるとか，している人がいることを知らなかった」という声をよく聞きます。それだけでも『道草』を仕掛けて本当によかったと思っています。ただ，その次には「どうしたらいいか。地元に重度訪問介護の事業所なんてない，子どもの自立を支えてくれる支援者なんていない」と言う人が多い。たしかに，自立生活センターが多い東京の多摩地区にいて，私自身も障害当事者運動にかかわってきたという点では恵まれた環境だったといえるかもしれない。でも，それは，亮佑が小さいときから彼の将来の自立生活のことを考えてそういう事業所や支援者たちを探し，一緒にやってきた結果でもあるわけです。そもそも重度訪問介護という制度は，重度肢体不自由の当事者の人たちが何十年もかけて育て勝ち取ってきたものですから，知的障害者の自立生活にも活用したいといっても，そう一朝一夕にはいかないですよ。親個人も親の会も，そういう支援があって当たり前，下手すると，使える人はうらやましい，ずるい，というネガティブなスタンスではなくて，かつて親たちが入所施設や作業所を作ることに使ってきたエネルギーのいくばくかでも知的障害者のパーソナルアシスタンスの拡充に向けてくれないかな，とも思うのですけどね。

伊藤　平成24年に制度が変わって，知的障害をもつ自閉症の人でも重度訪問介護が使えるとなったときに，息子がTEACCHで言われている「尊厳を保たれた豊かな生活を送る」ということを今の日本社会で叶えるとすれば，この制度に頼るしかない，これがよりどころになるだろうなと思いました。

岡部　私は重度訪問介護の対象者拡大の制度化の運動にコミットしてきましたが，現在のところあくまで強度行動障害の人たちに対象者を限定する制度にとどまっています。身体障害の人たちの四肢麻痺に相当する重度の障害が知的障害者の強度行動障害だ，という理屈も一定程度わからないことはないですが，そもそもパーソナルアシスタンスが重度の障害者だけに限定されるべきじゃないし，こういう制度設計のままでは，伊藤さんの息子さんや亮佑が重度訪問介護を使って強度行動障害の症状がなくなれば，もう使わなくて

いいだろう，と言われかねない現状があります。

伊藤　私や岡部さんが言っている「強度行動障害がない」というのは，表面に出ていることだと思うんです。でも私は区分認定のときにすごく説明したし，自閉症の特性をもって生まれてくれば，80項目に点数を付けてみると，誰でも行動評価は10点以上になるし，今だと区分４以上，行動評価10点以上という基準じゃないですか。あの制度は一人暮らしをしたときに支援が毎日必要か，１週間に１回，１ヵ月に１回なのかによって点数をつけるわけですよね。暴れるとか物を壊すなどしていなくても，自閉症の人は強度行動障害の根っこを必ずもっていると思うんです。自閉症と診断された人たちは，たとえ知的に高くても，今の日本の評価では，堂々と支援を求めていいんじゃないでしょうか。

岡部　だから，私は自立生活運動の当事者の人たちとともに「パーソナルアシスタンスの制度化」を求めているんですよね。重度訪問介護の発展の延長線上に障害程度区分や行動障害の有無によって分断されないパーソナルアシスタンスの制度化を求めたい。訓練や療育ではない当事者主体の生活支援であって，ゆくゆくは欧米のように障害の種別や重度とか行動障害の有無とかではなく，施設でも親元でもなく地域で生活するために常時支援が必要な人が求めれば使えるような制度にしていくべきと思っています。

伊藤　そこは同じ意見です。すでに横浜で浮貝明典さんがモデル事業として始めたことが評価されて，少しずつ国の制度になってきていると思います。

岡部　今の制度がこのまま続いていくと，いずれうちの息子や伊藤さんの息子さんは支給決定を切られることになってしまうんじゃないか。そういう危機感をもって運動を継続していきたいし，今，使えていない人を支えていきたいですね。

樋端　強度行動障害の状態じゃないとパーソナルアシスタンスが使えないとなると，その状態でいることを強化してしまいますよね。それは問題ですね。

生活支援と療育

岡部　原稿でも「支援の療育化の問題」として指摘していますが，重度訪問

介護をパーソナルアシスタンスとして使う際も，知的障害者や精神障害者の場合は，今の厚生労働省の考え方では，支給決定の判断や研修制度などが行動援護の利用基準や専門性を基軸としていて，これも将来改善されるべきだと思っています。行動援護はパーソナルアシスタンスじゃなくて，出自は支援費制度のときの重度加算付き移動介護の支援だから，当事者主体の長時間見守り型の生活支援であるパーソナルアシスタンスとは理念も支援がカバーする生活の範囲も，もとになる考え方がまったく異なります。高額の時間当たり単価を維持する目的もあったのでしょうけど，支援費制度から障害者自立支援法に移行する際に，研修や支援の理念を後づけ的に療育の理論で理論武装したのもよくなかったと思います。療育は療育としてそれに適した環境で療育の専門性をもった人がやればいい。でも，常時支援を必要とする知的障害当事者が日常生活を共にする自分のヘルパーに常に療育マインドで操作的な対応をされたら息が詰まってしまうし，行動障害だって悪化しかねないですよ。自立生活センターで重度訪問介護のヘルパーをしている人たちは当事者主体が基本になっているからそうはならないと思うけど，知的障害者対応の重度訪問介護研修だけ受けてそのままヘルパーをやると，こういう療育的な支援をすればいいんだと思ってしまうんじゃないかと心配になります。

　誤解している人もいるようですが，障害学や障害当事者運動は，医療や教育そのものを否定しているのではありません。そうではなくて，日常生活とその支援者（アシスタント）に，治療者や教育者のマインドと立ち位置を持ち込まれることを問題視しているのです。障害があってもなくても，誰だって，自分の家族につねに教育的・治療的態度で接されたら，たまらないですよね。逆に，専門家といえども，日常生活を共にする人につねに教育的・治療的な態度はとれないし，だから医療やカウンセリングなどでも場所や時間を限定することで治療的関係を担保しているわけです。

　もちろん，実際に行動援護に従事しているヘルパーや事業所には，そういうことをきちんとわかって支援をしている人もたくさんいらっしゃると思いますけど，『道草』でのヘルパーの支援に違和感を覚えるという療育関係のみなさんにも，こういった療育と生活支援の違いという視点から捉え直して

いただきたいと思うのですが，いかがでしょうか。

樋端　自分の原稿の最後で書きましたけど，コミュニケーション支援はツールなども用いて徹底的に，フラットに対話ができる状態までやって，あとはヘルパーや支援者がそれぞれいいと思うことを強制せずに提案する。そこから先は本人の選択かなあと思います。亮佑さんのヘルパーさんも面白がって付き合っているというか，自然に対等な感じなのがカギなのかなと思いました。忖度するでもなく，押しつけるでもなく，そのやりとりがいいなと感じました。スキルか関係性か，という話につながってくると思うんですけど，どちらも必要で，つながりたいと思えばスキルを学んだり，相手の文化を体当たりで学んだりする。一方で診断や技法から入る学びもある。

岡部　日常生活の支援においてコミュニケーションが大事なのは言うまでもありません。でもパーソナルアシスタンスでは，コミュニケーションは個別の関係性において成立するものであって，一方的に支援したりされたりするものではないと思います。繰り返しになりますが，コミュニケーション支援を否定しているわけではなく，生活支援とは「別物」だと言っているだけです。

伊藤　私は，療育のやり方だけではなくて，特性を知ってそこに寄り添うことが基本だと伝えようとしているのが，今の強度行動障害研修のような気がします。身体ケアが必要な人と自閉症の人を一括りにしてしまうと，たぶん彼らの生活は変わらないと思います。だからこそ強度行動障害の人へのかかわりについて，基本的にはこんなことも大事なんだということを改めて表に出しているのが強度行動障害研修だと思っていて，今までとまったく同じでいいとすると，この先，愛情深さなどの人としての土台をもっていない人に巡り合ってしまった子どもたちは，何も変わらないんじゃないか。それは残念だし，平成24年から知的障害がある人でもこの制度が使えるとなって，対象者に沿ったものの見方，考え方，支援の仕方を知ることは無駄にはならないんじゃないかと思います。それが実際に現場で使えるかは，大いにみんなで考えないといけないと思いますけど。

岡部　「異文化を知りそれに寄り添うことを学ぶ」というのであればまった

く異論はありません。でも「障害特性」であれ「文化」であれ,「カテゴリーで理解する」ということには注意が必要だと思います。身体障害の人たちの重度訪問介護の研修では,障害特性や支援の考え方より,まず支援を受ける障害当事者自身に接する,学ぶことが基本に置かれています。さらに,実際の支援の仕方は研修ではなく,個々の障害当事者との関係性のなかで学ぶ,当事者に教えてもらう,ということです。もちろん障害特性や理論を学ぶことを全否定するわけではありませんが,そういう前提となる枠組みや考え方が,本人主体の生活支援の実際と強度行動障害の研修内容とでズレているように思います。

樋端 自立生活運動をしてきた身体障害の方は自分で訴えてきた歴史があって,自閉症や知的障害の方はそこがなかなかうまくいかない。療育は本人というより周りの人たちがどう本人を理解してコミュニケーションをとるかが一番大事なのではないかと思います。熱意だけある支援者が一方通行で変な試行錯誤をしてしまうことを避けるためにも,自閉症の人は視覚的なやりとりが第一言語であることや,「行動はこう見ていきましょう」というような知識は必要だと思います。自閉症が1つの文化だとすると,文化や言語を学んでから外国に行ってもいいし,外国に行ってからコミュニケーションが必要と思えば,慌てて学ぶというのもいいと思いますけれども。長瀬さんはどうですか?

長瀬 僕たちが対応するコミュニケーションの質とはどういうことかという話になると思います。僕たちがターゲットにする人たちは,体の機能的な難しさ,困難さ,コミュニケーションの質的な難しさをもっている。そこをどう考えるか。岡部さんの話とは矛盾すると思うんですが,樋端さんがおっしゃったように周りの人がどう受け入れるか。岡部さんのお子さんの場合は周りの人が受け入れているからそこで不全はない。僕がコラムの2つ目の事例で書いた強度行動障害の42歳の方は,夜中に起きて暴れるので職員がどんどん入れ替わってしまうために,疲弊感,閉塞感を味わっていました。僕はそこに5日間入って一緒に寝泊まりをして,それから3年が経っていますけど,今その方はグループホームに出ておられます。強度行動障害の二十何点とい

う方が生活の基盤とコミュニケーション手段を作っていったところ，施設から出てグループホーム，地域のなかでやっていこうとなりました。地域で暮らすことは1つの豊かさだと思うんですが，前日の夕方から「お腹が痛い」と言っていたスタッフもその人と接するのが嫌でなくなる。ご本人もそこで暮らしやすくなる。それは，15人の集団にスタッフが1人といった日勤・夜勤の態勢から，地域のグループホームに移行されたからなんですね。療育をどう捉えるかについては，世間で言われている療育には私も大いに疑問があります。寄り添ってご本人の生活を楽にするとか，自由を目指すべきだと思うんです。僕は「手はお膝，お口にチャック」なんてよくないと思っていて，そこは同意見です。先ほどの暴れていた強度行動障害の方は，それまでコミュニケーション手段をもっていなかったのですが，5日間（100時間）の支援によって，行動改善があり理解コミュニケーションと表出コミュニケーションの手段を獲得して，対話が可能になりました。区分6であっても知的な評価が測定不能あっても，地域社会で豊かに暮らす権利が奪われてはならないと思います。

樋端　地域社会でいろいろ問題を起こしながら生活していた人が施設に入れたと喜んでいたら，本人の面白さや，その人らしさが失われたりするのはしばしば経験されることですね。『道草』を観て面白いと感じるのはそのへんなんだろうなと思います。

岡部　生活支援の専門性を療育の理論で組み立てるみたいなことはやめたほうがいいと思いますね。医療と福祉の関係と同じで，療育は療育，支援は支援でよいと。

樋端　私もそう思います。長瀬さんのようなプロフェッショナルな方が現場に行って実行して，チームでやり方を学んで成功体験をもってまず暮らしを安定させ，あとは生活支援に徹するのが理想なのではないかと。長期入院したり専門施設に長期入所したり，そこで行動療法をやろうと思って戻ってきてもなかなか変わらなかったといったことは身に沁みて経験しているので，できるだけ地域で本人の暮らしを作っていくことがカギになると思います。支援者には，ナチュラルに本人と社会の間に入ってつながれる方もいると思

うんです。偏見がなく面白がって付き合える高機能ASDの方など，当事者性がある方が向いているのかもしれません。でも多くの方には知識や技法を学ぶことは必要でしょう。パーソナルアシスタンスの制度がもっと使えるようになっていけばいいですね。

岡部　別に「知識」はあってもよいと思うのですよ。でも，日常生活の支援においては，まずは「関係性」「かかわること」ですよね。そこから「知識」を発掘するというか。重要な他者につねに療育的な姿勢でかかわられることと，本人の主体性と自尊感情を育む関係性は両立するでしょうか。

樋端　療育の定義があいまいなのですが，暮らし支援，コミュニケーション支援，対話支援ということなのかなと。本人がわかる環境にいられるように，思いを伝えられるように，環境調整とコミュニケーション支援，それを見るフレームワークとしての機能分析もあると思います。佐々木正美先生がおっしゃっているように，本人が苦痛なく不安なく混乱なく過ごせる育ちの環境がずっと引き継がれていれば，自尊感情を損じることなく育っていけると思います。

岡部　コミュニケーション支援ということならわかります。長瀬さんや伊藤さんのようなちゃんとわかっていらっしゃる方であれば，治療者目線ではなく本人の自尊感情を育てていくようなかかわりができるのだろうな，とも思っていますよ。一方，介護者と亮佑たちの間でもその関係性のなかで本人主体のコミュニケーションは立派に成立しているし，それが本人の自尊感情を育てていることもわかってほしいですね。

樋端　ちゃんと対話ができる土台のためには知識と余裕の両方が必要です。ASDの子どもは「親を育てる力が弱い」とか「親から離れる力が弱い」と言われています。そこでどんな手立てと見通しが親にもてるか。親の会でのつながりとか，社会の側にも親から離れていくための手立てが足りず，思春期に入ってしまい，強度行動障害となり行き詰まるというケースをたくさん見ます。

岡部　「余裕」のためには「知識」だけでなく「支援」も必要です。それに，いずれは親亡き後がくるわけで，そのときに施設ではなく地域で暮らすので

あれば，そのために必要な親以外の重要な他者との関係性も作っておかねばならないですよね。そういったところを見据えたうえで，親が療育者を兼ねるということについてはどう考えたらよいのでしょうか。医者や教師が自分の肉親を専門家として治療したり教育したりするのは難しいと聞きますが，似たようなことがいえるのではないかと思います。

伊藤　必ずしも療育という言い方はできないと思っています。岡部さんのおっしゃるように，最終的には親子分離の問題が出てきます。たいていのご家庭では，18歳までは子どもは家族と一緒に暮らしますよね。24時間のうち，少なくとも3分の1ぐらいは子どもは家庭で，多くは親と一緒に時間を過ごします。親は，子どもが自閉症として生まれたのであれば，「自閉症であるわが子」ということを受け入れないと，成人期に幸せで豊かな人生に行きつくのは難しいのではないでしょうか。自分の息子を育ててきて，18歳までが勝負だと思うんです。一緒に生活しているときに，子どもが毎日の生活で願うことが叶ったり，親からほめてもらったり，うまくいかないときは「こうしてみたらいいんじゃない？」と伝えてもらったりするのは，親御さんが主になってやってほしいです。それが療育の場に転化されているかもしれないけれど，帰宅して寝るまでの少なくとも数時間は一緒なのだから，療育で括らないにしても，親が自閉症のわが子のことを知っているのか，その子が混乱せずに家庭生活を過ごせるのか，そこが大きなカギになってくると思います。

岡部　僕はそのあたりも親が教えるのではなくて，当事者と支援者が関係性のなかで試行錯誤して作り上げていってほしいと思うのですけど。親と本人の間で，樋端さんの言葉を借りれば「対話を続けていく」ためのツールの1つとして療育を使うことはありかもしれません。それで本人の主体性と自尊感情が育まれることもあると思う。でも，だからといって，親が本人の支援をコントロールしてはならないのではないでしょうか。

伊藤　療育，教育という言葉の解釈の違いだと思うんです。

岡部　療育とはどういうものであるのかをもう少し明確にしておいたほうがいいかもしれませんね。

長瀬 療育をどう捉えるかというお話ですけど，家庭でお互いが成功体験を得ていくには，たとえばスーパーでパニックになるとか，手づかみでものを食べるとか，日常生活でお母さんのストレスが溜まることがあったときに，スプーンや補助が使えればうまく食べられたとなるわけです。そうするとお母さんに余裕が生まれる。そこにどう向き合うかは理屈があって，理屈がわかると次から余裕をもって笑顔を作るきっかけができる。そこはセラピスト，生活支援者，言葉はそれぞれですけど，われわれサポートする側につながっていく。そこが年齢ごと，ライフスタイルごとにいろいろですよね。中学生・高校生になったときの乱暴な言葉遣いなどを思春期の揺らぎと捉えられるかどうかによって，共依存や執着という関係性も変わってくる。「そのくらいはお年頃だから」という知識があれば余裕も出てきます。いきなり15歳になって思春期の問題がポンと出てくるわけではないんですよね。小学校入学をどうするか，支援学級か通常学級かといった問題もあります。岡部さんがおっしゃるように，療育のスタンスでやってしまうとうまくいかないと思います。地域で日常生活を送ることは，きょうだいや家族との関係をいかにうまく作るかということの延長線上の問題だと思っています。

樋端 私も観させていただきましたが，長瀬さんの100時間のセラピーも徹底的に公開してやっていて，岡部亮佑さんの暮らしも『道草』で見せているということで，そのあたりに活路はあるのではないかと思いますね。囲い込まず，できるだけ見えるところでオープンにやっていく。閉じていくと家族や施設のなかで煮詰まってしまうと思うので。「開いていってほしい」ということにこの本の意図もあります。

親子分離をめぐって

樋端 最後に，親子分離についてはどうでしょうか？

伊藤 お母さんたちが子どもを手放せないのは当たり前なんですよ。世に放ったときに心配しかないですから，今のわが国においては。18年間暮らした生活が叶うかといえば，なかなか難しい。私が息子を手放したのは，私自身が親から縛られた人生を送ってきて，息子とおばあちゃんの関係を見て，自

分の二の舞になるのはまずいと思ったので，おばあちゃんから引き剥がすのが一番の目的だったんですね。そうしたら息子は本当に自由を謳歌している。その姿を見たときに，親の価値観で子どもの未来を決めていたと感じたんです。手放したときの息子がいいんですよ。タフになっていくんです。それを見ていたら，親の介入，小さな親切，余計なお世話みたいなことが一人の人として育とうとしている子どもにふたをしていたと感じました。みなさんには，独立させるのがいい，私の息子は独立してからは険しい顔をして暮らしてません，ということをお伝えしています。

岡部　息子の亮佑は，特別支援学校高等部を卒業して通所施設に通い始めた年の7月にヘルパーつきの一人暮らしを始めたんです。「自閉症の子がこれだけいっぺんに環境が変わって親とも離れるなんて無理だ。できるわけがない」と言われました。でもあっさりできちゃいました。それ以来10年以上たって，自転車で15分ぐらいのところに住んでいますけど，実家に戻りたいなんて一度も言わないですしね。月に一度は里帰りして1泊するのですが，帰るときは満面の笑みで，帰ってきたら家にいたときよりもやりたい放題して（笑），実家暮らしを満喫して，でも日曜日の夕方になったらそそくさと帰り支度をしてます。なぜすぐ親離れして自立できたかというと，それまで十何年の実家暮らしでも常にヘルパーがいて，さらに自立したあともその人たちは変わらず彼の生活支援に入っていたので，親がいなくなったことを除けば彼が信頼できる人的環境が担保されていたからではないかと。親元にいるときもいつもヘルパーが入っていたから，本人に寄り添ってありのままの彼を認めることができる精神的・肉体的な「余裕」が親にも生まれました。小さいときから常時ヘルパーが入っていたから親は本人と対話し続けられる環境を得られ，彼もすんなり自立できたのだと思います。

樋端　子どもが小さな頃，親が手立ても見通しも持てず，支援も足りずに大変な思いをしすぎると，親もそれがアイデンティティになり，今度は子離れが難しくなります。また思春期以降は親以外のかかわり，パーソナルアシスタントなどが必要なのだと思いました。

　みなさん，本日はありがとうございました。

成人期〜高齢期

第9章

成人期から高齢期の強度行動障害の問題

日詰正文

国立重度知的障害者総合施設のぞみの園

はじめに——強度行動障害と年代

　いくつかの自治体が行った強度行動障害者の実態調査によれば，年代層に焦点を当てて見ると，①30歳台に１つの山がある，②30歳台の前後に２つの山があるといった２つのパターンがあることが把握されています。

　20歳台までの山は思春期の生理的反応を背景とした一時的な出現，40歳台以後は児童期からの療育経験がなく，適切な行動を学ぶ機会が少なかったためではないかと考察されています。30歳台の山については，考察は見当たりません。

　どの調査においても50歳台以上の強度行動障害者の数は少なくなりますが，自由記述には「生活習慣病等を背景とした薬や食事の管理」等といった，体調管理に関する心配ごとがみられていました。

　筆者の経験でも，文字カードやスケジュールを手がかりに落ち着いた暮らしをしていた方（自閉スペクトラム症〔ASD〕と知的能力障害〔ID〕の診断あり）が，視力の低下のため不安が高まり，文字が読みにくくなったことで激しい攻撃やこだわり行動をとっていることに気づき，文字を大きく書く支援をしたことがありました。高齢期の前の40歳台，50歳台も，思春期とは違った体調の変化が起きてくる年代であり，若い頃とは別の支援が必要な時

期として理解することが必要なのかもしれません。

高齢化した場合の特性に沿った配慮の例

　ご本人が大事にしてきた暮らしの支援として，デンマークのシニアーズ・ハウスの取り組み（平成29年度厚生労働科学研究「医療的管理下における介護及び日常的な世話が必要な行動障害を有する者の実態に関する研究」）の事例があります。

　このハウスでは，高齢化のために筋力が低下して外出は危ないけれども，毎日決まった日課（散歩）をすることで安心するASDの人のために，「玄関にベンチを置き，気持ちの切り替えや外出の準備を座ってできるようにする」「窓を大きくして自然光を取り入れ，外出と同じ気分を味わえるようにする」「ランニングマシンを設置して天気に左右されずに屋内で歩行できるようにする」工夫をしていました。

　同じく，てんかんや骨折などにより椅子で過ごす時間が長いけれども，毎日郵便や新聞の到着を見ることを楽しみにしているASDの人のためには，ハウスでは「車椅子で移動できるスロープを屋内の必要な場所に設置する」「ポストが見えやすい高さに新しく窓を作る」工夫をしていました。

　このハウス以外のASDの特性をよく知らない支援の場所では，おそらく「勝手に外に出てしまう，こだわりの強い人」「たびたび怪我をして職員に手間をかける利用者」と言われていたかもしれません。日本でも，ASDの特性を学んだことのない高齢者支援の現場では，そんなことになっているかもしれません。

支援手順書，PECS®, AAC, ICFの活用

　強度行動障害の状態を経過する人の多くはASDとIDの特性をベースにもっていますので，一般的な社会で通用する方法ではなく，独特の表出方法や理解をする人がいます。長年，その人と付き合ってきた家族や支援者は，何

を表現しているのかわかるし，こちらからもうまく伝えられるということがあります。しかし，そういう馴染みの人が，生涯にわたって，近くにいてくれるわけではありません。

各地で数年前から行われている強度行動障害支援者養成研修では，こういった一見しただけではわかりにくい配慮のコツを支援手順書としてまとめ，チームとして一貫して使うという形になっていますし，それ以外にもPECS®，AAC（拡大代替コミュニケーション）など，本人と周囲が互いに歩み寄るための手段の普及が各地で広がっています。

高齢期になったときに重要となってくる健康上の情報，感覚の過敏さや鈍感さ，過去の苦手な経験の記憶（避けるべき場所，人，言葉など），反対に楽しみにしていること（場所，食べ物，イベントなど）などは，落ち着いた暮らしが続いていると，当たり前のこととして忘れられ，関係者の引き継ぎが疎かになることがあります。私は，そのことも気になります。

WHOが推奨しているICF（生活機能分類）は，こうした本人の生活のQOLを考えるときの全体像を一枚の資料にまとめることができますし，いったんベースができてしまえば，以後は定期的に更新することで，簡便な形で長く（身体的な疾患で入院する病院や高齢者施設にも）大事な配慮が引き継がれるのではないかと考えられます。現在，私がかかわっている研究班（令和2〜3年度厚生労働科学研究「強度行動障害者支援に関する効果的な情報収集と関係者による情報共有，支援効果の評価方法の開発のための研究」）では，このICFを強度行動障害者支援や高齢期の支援にうまく導入するための工夫を試行錯誤しています。成果がまとまれば，別の機会に紹介したいと思います。

このパートで取り上げたいこと

これまで施策的に十分に着手されてこなかった障害者の高齢化，緊急性の高い強度行動障害の問題について，最近になって急速に政策的な手当てが進められています。政策化が進むということは，特別な地域だけではなく，全

国で取り組みの足場ができていくということですから，工夫された実践が各地で活性化し増え，本質的な課題が見つかり，次の時代が見えてきます。このパートではまず，この大きな流れが片桐公彦さん（第10章）から紹介されます。

　次に，服薬や通院・入院などの支援でかかわる医療分野は，新型コロナウイルス感染症の流行でも話題になったマスク着用困難の問題，感染症の治療を受ける体制（どこで，誰が）の問題，医療機関と障害福祉分野の支援者が連携するときの（制度的，心理的）壁など，新しくて古い課題がいくつもありますが，それを乗り越えるための検討を行う全国の有志のつながりが作られています。この心強い動きが市川宏伸さん（第11章）から紹介されます。

　さらにまた，強度行動障害者支援が，現場で望ましい形に変化していくための肝となる存在＝職場のリーダーが身につけるべきこと，具体的には，虐待に対する敏感さや，家族の努力に対する労いや境界共感性，役割分担の提案力，他の障害福祉現場へのサポートや仲間に巻き込むビジョンなど，これからの時代に必要な組織作りが松上利男さん（第12章）から紹介されます。

　これらの話題を受けて，わが国で，人材育成，地域連携，職場作りなどに先頭に立って取り組んでいる支援者の，中野伊知郎さん，西田武志さん，新谷義和さんとともに「学齢期，思春期を乗りこえた長い人生を見すえた支援を考えていくときに，大事にすべき点は何か」をテーマとして座談会を行いました。3名の方から，それぞれ角度を変えて，大切なポイントに光を当てていただいた内容となっています。

　このパートの各章が，今後の読者ご自身の動きを考える材料となることを期待しています。

第 10 章

成人期〜高齢期の支援について思うこと
行政の経験を踏まえて

片桐公彦

社会福祉法人 みんなでいきる／元厚生労働省障害保健福祉部障害福祉課地域生活支援推進室

はじめに

　筆者は，平成29年4月から令和3年3月まで，厚生労働省障害保健福祉部障害福祉課地域生活支援推進室にて障害福祉専門官として勤務をしてきた。前職では新潟県上越市にある「社会福祉法人 みんなでいきる」副理事長と障害福祉事業部の統括業務に従事した。さらにその前に遡れば，「社会福祉法人 りとるらいふ」の理事長として，主に強度行動障害のある方々の支援システムを構築してきた。主だったものでいえば，「地域生活支援拠点」のモデルといわれる実践を行ってきた自負がある。

　筆者にとって強度行動障害のある方々への支援，実践を深めた契機は，そこからさらに遡る。筆者が社会福祉法人を設立する前，平成17年前後に立ち上げた小さなNPOの時代からであった。このNPOは行動援護と日中一時支援，それから私的契約のタイムケアを実施する程度の小規模事業所だった。筆者は強度行動障害のある方々への支援を専門に学んできたわけではなかったので，当時を振り返れば，付け焼き刃とすらいえない未熟で稚拙な，いわゆる「愛と根性と情熱」で支援をしてきた。大したことはできないが，24時間365日，どんなに行動障害の状態像が激しくても支援をしてきた。とはいえ，愛と根性と情熱はたしかに大事だが，それだけで強度行動障害の方の支

援ができるほど甘くはない。早々に精神論的な支援に見切りをつけた筆者は，自閉症や強度行動障害に関する文献をひたすら読み漁り，ありとあらゆる研修会やセミナーに参加し，「あそこの支援がいいらしい」と聞けばすぐに視察に行き，頭を下げて教えを請うた（ときにはその人たちと大いに酒も飲んだ）。そんなふうにして，強度行動障害の方々の支援技法を人並みには身につけてきたように思う。

　そのような経験を経て，とくに支援が難しいといわれる思春期から成人期の20代半ばくらいまでの強度行動障害を有する方々の支援に携わってきた立場からすると，多くの強度行動障害のある方では，「幼児期，幼少期におけるかかわりや支援の食い違い」が，その支援の難易度を大きく引き上げていることを実感した。

　「痛いよ！」「やめろ！　バカ‼」等，おそらく誰かに繰り返し投げかけられたであろう否定的な言葉を何度も叫ぶ人，本当は言語での説明や指示の理解が難しい，あるいはまったくといっていいほど理解ができていないのに，周囲からは「言葉がわかる」と思われ配慮のない環境に置かれてきたなかで不適切な行動を身につけてしまった人，嫌な記憶がフラッシュバックとして蘇り，自分の体を激しく傷つける人，適切なかかわりがされず，絶えず人を不快にさせる注意喚起行動で自身の要求を通そうとする人，不適切な行為を注意するとそれが嬉しくてますます行動がエスカレートする人……。多くの強度行動障害のある方を支援してきたが，そうした方々は，最初からそうだったわけではない。「なぜもっと早く……」「どうしてこうなるまで……」と思わざるを得ないケースを数多く目にしてきた。

　とはいえ，繰り返しになるが，筆者自身も強度行動障害のある方々の支援を専門的に学んだわけではなく（もしかしたらこの本を手に取っている多くの支援者もそうであるように）目の前にいる「この方」が呈する言動，激しい表現の根幹にあるものは何なのかを知りたくて，いわば「建て増し的に」支援手法をどうにかこうにか身につけてきた人間である。そんな自分が現場の支援から，障害福祉サービス事業所の運営，法人経営を経て，厚生労働省において行政職として強度行動障害のある方の支援について政策の企画立案

を担ってきた。その経験を通じて，強度行動障害のある方の支援のこれまでや，今後の展望について，私見を含めて記していきたい。

強度行動障害関連の施策の変遷

　昭和23年，児童福祉法の制定により精神薄弱児施設が法に位置づけられ，知的障害のある方への施策がスタートしている。昭和35年には精神薄弱者福祉法が施行され，精神薄弱者援護施設が法律に位置づけられた。さらに昭和39年には，重度精神薄弱児収容棟が設置され，重度の知的障害児への対応が始まり，ここから強度行動障害のある方々も支援が受けられるようになっていった。

　昭和55年，自閉症施設が知的障害児施設の一類型として位置づけられ，平成5年には「強度行動障害者特別処遇事業」が制度化され，行動障害のきわめて激しい方々に対しての濃密な支援が始まることになる。この事業の開始が，わが国にとって初めてと言っていい強度行動障害に特化した事業であった。当時この事業にかかわった関係者（筆者からすると多くの先輩の方々）からは，本事業の有効性や，そのときに出会ったケースのエピソード，あるいは事業のもつ性格による支援の限界について，よく耳にすることになった。

　余談になるが，強度行動障害の支援の必要度や困難さ，障害特性の強さを測るスケールとしては，現在は障害支援区分や行動関連項目を用いているが，現在でも研修会などで実践事例をプレゼンテーションする際，特別処遇事業で使われていた「強度行動障害判定指針」の強度行動障害判定基準表の点数を用いて紹介されることがある。当時，強度行動障害のある方の支援に真正面から向き合ってきた関係者からすると，この判定基準表のスコアのほうが馴染みがあり，支援の必要度や困難度を容易にイメージできるのかもしれない。関係者との会話のなかで，当時のこの事業への愛着が感じられることも多々あった。

　在宅系サービスに目を向けると，平成5年には知的障害者ガイドヘルパーが制度化され，その後，移動介護として発展を遂げた後，平成17年からは行

動援護として現在の支援類型になった。行動援護の登場は，強度行動障害に特化した支援類型の創設という意味でも意義のあるものだったが，同時に「行動援護従業者養成研修」の研修カリキュラムを開発し，国立のぞみの園から指導者研修を当初より実施いただいたことによって，体系的に強度行動障害の支援のノウハウを学ぶことができる機会を確保し，かつ多くの支援者を輩出できたことは大変に意味のあることであったと思っている。

この研修はのちにカリキュラム改定を経て「強度行動障害支援者養成研修」と同様の内容の研修として位置づけられ，現在のスタイルになっている。研修カリキュラムや講義・演習の内容についてはさまざまな手厳しいご意見をいただいていたが（研修内容が甘すぎる，必要なエッセンスが盛り込まれていない，時間設定が短い等），強度行動障害のある方の医療に携わる医療関係者からは，福祉領域において，早期にこうした研修を受講できる機会を確保することを高く評価するといった声もあった。研修内容にはさまざまご意見があろうかと思うが，国として強度行動障害に関する研修を関係者に幅広く提供している点は，非常に意義深いのではないかと筆者は考えている。

また平成26年には，これまで重度身体障害者のみを対象としていた重度訪問介護を重度知的障害者，すなわち強度行動障害（区分4＋行動関連項目10点以上）のある方まで拡大した。

強度行動障害と報酬改定

障害福祉事業所の収入に直結する報酬改定についても強度行動障害のある方をめぐってさまざまな流れが生まれた。

主な動きを紹介すると，まずは平成27年度の報酬改定では，施設入所支援における重度障害者支援加算を見直し，強度行動障害支援者養成研修（実践研修）修了者により支援計画シート等の作成を行う体制を整えている旨，届出をしており，かつ，支援計画シート等を作成している場合に体制分の加算を創設した（7単位）。さらに実践研修修了者の作成した支援計画シート等に基づき，基礎研修修了者が，強度行動障害を有する者に対して夜間に個別

の支援を行った場合に，当該利用者について個別に評価を行う加算（180単位）を創設した。強度行動障害支援者養成研修の修了と加算を紐づける，いわば支援の質を向上させるための事業所へのインセンティブを政策的に働かせたのが平成27年度の報酬改定であった。また平成30年度報酬改定では，通所のみの生活介護についてもこの加算の対象を拡大している。

　同時にグループホームにおいては，区分6＋行動関連項目10点以上の者について，先述の研修を修了した支援者を一定程度配置した場合の加算が設けられた（360単位）。また強度行動障害に関する各種加算は，短期入所や放課後等デイサービスといったサービスにも広がりを見せていった。

　それまでは強度行動障害といえば入所施設での支援が主たるものであったが，通所系のサービスにも加算の対象が広がっていった背景には，障害者自立支援法以降，国が掲げてきた「施設から地域へ」のキャッチフレーズを報酬改定において示すというメッセージがあったことは言うまでもない。

強度行動障害支援者養成研修カリキュラム改訂と教材開発

　平成26年度以降，厚生労働省は強度行動障害のある方々に関する加算関係の充実や研修の策定を通じて，強度行動障害のある方の支援へのインセンティブを効かせていくといった施策を，障害福祉サービスの枠組みにおいて採用してきた。それはこれまで特定の法人，事業所が強度行動障害のある方の支援を一手に担ってきた状況（今もその傾向は残ってはいるが）から，裾野を広げ，より多くの事業所で強度行動障害の方を受け止めていただきたいという思いのもと，さまざまな加算を各種サービスに広げてきた経緯がある。

　筆者が専門官として携わった時期に，強度行動障害支援者養成研修のカリキュラムの大幅な改訂と養成教材の開発を行った。その意図は，特定の事業所のみが強度行動障害のある方の支援を担うのではなく，より多くの事業所，人々に基礎的な支援手法を身につけていただくことで，支援に幅や膨らみが生まれることが望ましい形ではないかというものであった。綺麗ごとに聞こ

えるかもしれないが，強度行動障害のある方の支援に長けている特定の事業所に利用者が集中するのではなく，強度行動障害の方々を全国どこの事業所であっても受け止められることが求められる姿ではないかと思っていた。

　当時の強度行動障害支援者養成研修のカリキュラムは，研修を受ける前提として一定の経験や知識を持ち合わせていないと，なかなか理解ができないのではないかという問題意識があった。支援の裾野を広げていくためには，研修の内容はわかりやすく，専門用語の解説も含めた，敷居の低い丁寧な内容にしていくべきで，教材も動画を積極的に活用した理解しやすい内容にしたい，という思いをもっていた。具体的にいえば，「構造化という言葉がわからないと受講できない」ではなく，「構造化という言葉を知らない人であってもわかるような研修内容にする」ということである。

　そのような経緯から，カリキュラム改訂のコンセプトを多くの関係者と議論した結果，受講生のターゲットを「０年０ヵ月」とした。事業所に配属されて，できるだけ早い段階で受講していただくことを推奨し，知識や経験がなくても受講できる内容にするという方針でカリキュラム改訂作業を進めた。具体的には，厚生労働省平成30年度障害者総合福祉推進事業「強度行動障害支援者養成研修の効果的な研修カリキュラム及び運営マニュアルの作成に関する研究（独立行政法人国立重度知的障害者総合施設のぞみの園）」において，カリキュラム改訂のための研究を行い，さらに令和元年度の同研究事業「強度行動障害支援者養成研修の効果的な研修実施のための教材開発等に関する研究（特定非営利活動法人全国地域生活支援ネットワーク）」において，研修教材の開発を行った。この２つの研究事業を通じて，先述したコンセプトを踏まえた研究成果物が示されることになった。カリキュラムの改訂は国立のぞみの園研究部部長の日詰正文氏，教材開発およびその教材の有効性を効果測定するモデル研修の実施等は全国地域生活支援ネットワーク副代表理事（当時）の福島龍三郎氏のご尽力により実現することができた。非常に難しい作業をとりまとめていただいたこのお二人と，研究事業にかかわっていただいた関係者のみなさまには本当に言葉では言い尽くせぬ感謝の思いがある。筆者が専門官時代に携わったなかでもとくに思い入れの深い仕事の１つ

である。

コンサルテーションの有効性の模索の時代へ

　研修の内容については一定程度の目標が達成できたものの，24時間の研修過程を修了したからといって，すべての支援がうまくいくわけではない（強度行動障害支援者養成研修は基礎研修12時間＋実践研修12時間＝24時間のカリキュラムとなっている）。現行の研修内容の習得だけでは難しい，より高度なアセスメント力，支援技術が求められる強度行動障害のある方への対応についてどのような方策を立てていくか，という課題が浮き彫りになってきた。

　そこで次に厚生労働省が向き合った課題は「コンサルテーションの導入」である。きわめて支援力の高い法人・事業所の人材育成の取り組みを探ってみたところ，多くの事業所が支援に長けた人材や，強度行動障害に関する高度かつ専門的支援手法を扱う研究者や医療関係者等による「コンサルテーション」を導入していることがわかってきた。また一部の法人では，依頼を受けてコンサルテーションに出向くといった実践も行われていた。研修の内容に深みを求めていくことも重要である一方，指導的立場の者が現場に出向き，支援が困難な方のアセスメント技法を伝えたり，別の支援手法を提案したり，一緒に支援計画を作成したり，またあるときには支援者を励ましたりすることが有効なのではないかという考えに至っていく。

　こうした課題意識から，令和元年度の厚生労働省の研究事業では「強度行動障害児者に携わる者に対する体系的な支援スキルの向上及びスーパーバイズ等に関する研究（一般社団法人 全日本自閉症支援者協会）」を課題として設定し，日常的な教育・指導，組織的な研修，スーパービジョンやコンサルテーション等の実態を探索することで，標準的支援の普及と強度行動障害児者の受け入れ事業所の拡大等に向けての可能性に関する研究を行った。さらに令和２年度には「強度行動障害者に対する，コンサルテーションの効果と，指導的人材養成に関する研究」，令和３年度には「強度行動障害者支援に関

する中核的な人材の養成に関する研究」（ともに一般社団法人 全日本自閉症支援者協会）と継続的に研究を行い，コンサルテーション導入の有効性やその実態の把握，強度行動障害のある方を支援する指導的・中核的な人材の養成に関して方向性が示されるようになった。

　このように，強度行動障害のある方の支援をめぐっては，入所施設において処遇困難な方を集中的に支援する施策から，地域での暮らしを支える方向も選択肢として加えつつ，報酬改定においても手当を行うと同時に研修内容をリニューアルし，研修修了者の配置と加算を結びつけることで，支援の裾野を広げるといった手法により，その施策の充実と平準化を図ってきた。そして令和3年7月現在では，コンサルテーションの導入によって，支援がより困難な方への対応を行うことの有効性と，それを担う人材育成の可能性について模索している状況が進行している，というのが大きな流れといえよう。

地域生活支援拠点に期待された機能

　ここで少し話題を変えて，「地域生活支援拠点等」について触れておきたい。「地域生活支援拠点等」は，平成25年に開催された厚生労働省社会・援護局障害保健福祉部「障害者の地域生活の推進に関する検討会」（https://www.mhlw.go.jp/stf/shingi/other-syougai_141325.html）の議論のなかから登場した。この検討会においては，地域における居住支援に求められる機能として，「相談（地域移行，親元からの自立等）」「体験の機会・場（一人暮らし，グループホーム等）」「緊急時の受け入れ・対応（ショートステイの利便性・対応力向上等）」「専門性（人材の確保・養成，連携等）」「地域の体制づくり（サービス拠点，コーディネーターの配置等）」という5つに整理がなされ，これらの機能を集約して整備する「多機能拠点整備型」と，地域において機能を分担して担う「面的整備型」が示された。さらに，都道府県・市町村において，必要な機能の整備について議論し，市町村や障害福祉圏域ごとの整備のあり方を定め，都道府県の障害福祉計画に位置づけ，整備を計画的に推進することとした。

「地域生活支援拠点等」は，主には障害者の重度化・高齢化に対応した地域での暮らしを支えることであったが，求められる機能は，強度行動障害のある方々への支援の充実に直結するものである。多くの地域ではその整備の議論過程で，強度行動障害のある方の支援の受け皿として「地域生活支援拠点等」の機能を模索することになる（もちろん，各地域においては重症心身障害児者や，近年，増加しつつある医療的ケア児への対応，8050問題といった課題への対応も「地域生活支援拠点等」が担うべき機能として議論されているとは思われるが）。その意味では，地域生活支援拠点の登場は，各地域が強度行動障害のある方に対する支援体制の整備を本気で考えるきっかけの1つになったのではないかと筆者は考えている。実際，ある地域では強度行動障害のある方々に特化した「地域生活支援拠点等」も整備されており，緩やかではあるがその体制は整いつつある。

強度行動障害と障害者虐待

強度行動障害のある方のサービスの充実や支援者の養成，また地域生活支援拠点等を通じた支援体制の整備が徐々に進んできているが，一方で深刻な障害者虐待事案を紐解くと，その多くは強度行動障害をもつ方であることが指摘されている。

厚生労働省が毎年実施している調査によると，被虐待者のうち行動障害のある方の割合は，過去5年間の「障害者福祉施設従事者等による障害者虐待」の数値で平成27年度が28.8％，平成28年度が21.3％，平成29年度が29.3％，平成30年度が32.3％，令和元年度に至っては37.5％と増加傾向にある。

また市区町村等職員が判断した虐待の発生要因としては「教育・知識・介護技術等に関する問題」が例年トップで，平成27年度が56.1％，平成28年度が65.1％，平成29年度が59.7％，平成30年度が73.1％，令和元年度が59.8％と高い数値を示している。強度行動障害のある方々は，虐待を受けるリスクが高く，その要因が支援者の支援力不足にあることが浮き彫りになっている。

こうした点を踏まえると，これまで紹介した支援力向上のための研修，コ

ンサルテーションの導入等のさまざまな取り組みと，先述した「地域生活支援拠点等」の整備・充実をセットにした体制を整えていくことが，ここから先の強度行動障害支援の大きなミッションになるといえよう。

おわりに

　強度行動障害のある方の支援技法は，たちまち魔法のように身につくものではない。地道な観察によるアセスメントと，周到な準備，行うべき支援の組み立て，支援手順書の作成や事業所内でのルール作り等，膨大なプロセスを経て，ようやく本人のもとに支援が届けられる。それは，作物が芽を出し，徐々に大地に根を張りながら，時折思いついたようにやってくる嵐を乗り越え，長い時間をかけて実をつけ，収穫をして人々の手にわたる過程に少し似ているようにも思える。往々にして，思った通りに育たず，ちょっとした気候の変化や土の状態によってこれまでの苦労が報われないというところもまた似ている。払った代償に応じた成果は得られないこともしばしばで，「もう嫌だ」と落ち込むことがあるという，そんなところも。

　そんなときに，筆者を救ってくれたのは，同じように支援に悩みながらも，何かを手繰り寄せて現場で試行錯誤する，同じ世界で生きる仲間たちだった。

　支援の現場から離れ，専門官という行政の立場で政策に携わるようになり，報酬改定の場面でデスクで頭を抱えていてもその気持ちは同じだった。仲間たちや先人たちと一緒に「今の状況を少しでも前に進めたい」と思い，共に歩んできた。それがわが国の強度行動障害のある方の支援体制を少しずつ充実させてきたことは間違いない。

　もしかしたら，まさに今，支援がうまくいかず，目の前でその身や心が傷つく日々を送っている人が何らかの救済を求めて，この本のページをめくっているのかもしれない。あるいはご家族の期待に応えられずに，少々手厳しい言葉を投げかけられている人，事業所のなかで自身のモチベーションと同僚や上司，管理者との温度差に悩み苦しみ，ひとり孤立を深めている人が，この本を手にとっているのかもしれない。

どうか諦めず，めげずに，支援を続けてほしい。これまで強度行動障害の
ある方々の支援に携わり，先駆的に取り組んでこられた人々も，（おそら
く）この本の執筆者の方々も，同じ道をたどってきている。筆者がここで綴
り，紹介した言葉が，少しでも支援に悩む人たちや，まだ十分に支援が届か
ない本人や家族の心に残り，明日へのささやかな活力になってくれればとて
も嬉しい。

親の立場で，法律などの 正しい知識を前提とした， 対話という「闘い」

金成祐行
保護者

　私の息子の晋作は，今年24歳になります。小さな頃は大人しくて穏やかな自閉症児でしたが，大きくなるにしたがって強度行動障害の状態になることが多くなりました。特別支援学校を卒業して，作業所や生活介護に通っていましたが，そこでの虐待などの不適切な扱いにより，うなぎのぼりに強度が増していきました。ついに，22歳のときには今まで行わなかった人に対する他害行為（人を叩く，蹴るなど）が発生するようになりました。事故が起きるたび，私たち家族や同行ヘルパーが相対するのは，他害を受けた方のすさまじい怒りです。事故現場で，さらなる他害行為の発生を防ぎ，その他害の経験が息子のフラッシュバックの原因にならないようにし，さらに，他害を受けた方の救護をし，そのすさまじい怒りを鎮めるということは，物理的にも，精神的にも，耐えがたいものでした。

　ある日のことです。自宅の近所にある狭い歩道を，晋作と同行ヘルパーが並んで歩いていたとき，年配の女性が運転する自転車が歩道に乗り上げ，晋作たちの進路をふさいでしまいました。それをきっかけに激しいパニックが起き，女性の眼鏡を叩き，出血させてしまう事故が発生しました。原因は，直前に立ち寄った公園で，過去に虐待をしていた生活介護事業所の散歩とたまたま出会ってしまい，フラッシュバックを起こし不安定になっていたことです。たちまち通報され，数台のパトカーがやってきて，大勢の警官が息子

を取り囲みました。同行ヘルパーが必死に説明しましたが，らちが明かない
ということなので，私が仕事場から駆けつけました。私が息子の障害につい
て説明をして驚いたのですが，そこにいた警官の誰一人，知的障害や自閉症
の人を見たこともなければ聞いたこともなく，まして「強度行動障害」など
というワードは初めて耳にした，ということでした。私は，晋作が地域で安
全に生活していくために，市役所，計画相談支援事業所，ヘルパー事業所と
連携して，継続した支援会議を開催して，日々態勢を整えていることを必死
に説明したのですが，結局，聞き入れてもらえませんでした。晋作は警察署
に連行され，8時間もの間，説明もなしに拘束され，挙句の果てには，強制
的に病院に連れていかれ入院させられそうになりました。病院では，措置入
院には該当しないという判断をされ，すぐに帰されてきました。

　この警察の対応に納得のいかなかった私は，行政に働きかけるとともに，
権利擁護にくわしい弁護士に依頼して，「障害者差別解消法」において公的
機関に義務づけられている合理的配慮がなされていないということを申し入
れることにしました。その結果，警察署はすぐに対応してくれ，その後の息
子の支援会議にも定期的に参加してくれるようになりました。私の地元では，
障害者支援の関係者と警察署との連携がまったくなされておらず，晋作個人
の支援会議に警察署が参加してくれるのは，極めてまれなケースだというこ
とでした。このことから学んだのは，法律を勉強して，法に定められた権利
を適切に主張しつつ，対話を深めて，今までになかった連携の枠組みを作っ
ていくことの大切さです。

　たとえば，「応諾義務」というものがあります。障害福祉サービス事業所
は正当な理由がなければ福祉サービスの提供を拒んではならないという法的
な義務ですが，利用者側が面接されて，事業所側の都合のいい利用者が選ば
れているのが現実だと思います。実際に，晋作も「行動障害がある」ことを
伝えると，即座に「サービスの提供はできません」と，地元のあらゆる事業
所から門前払いにされました。以前は「そんなものか」とあきらめていまし
たが，私たち一人ひとりが「応諾義務」を適切に主張することで，障害福祉
サービス事業所は，法的義務を果たすために，（悲しいことではあります

が）「やむを得ず」利用者に寄り添い，さらに深くアセスメントをし，専門性を磨き，地域の福祉資源とも積極的な連携を模索していくのではないかと考えています。法律を勉強し，伝えるべきことは毅然として伝え，守るべきことは守らせ，冷静に対話を重ねる。このことで，結果として，利用者側と事業者側とがWin-Winの関係になっていくと思います。今回の事故においても，警察署が私たちの要請に素直に応じてくれたのは，現に施行されている法律があるからです。私たちは，先輩方が苦労の末に作り上げてきてくれたこれら法律を堂々と錦の御旗に掲げて，権利を訴えていくことが必要なのではないでしょうか。

　さて，今回の事件をきっかけにして警察署が参加することになった支援会議の成果として，他害が起きたときの対処法を警察署と共有できたことが非常に大きいものでした。具体的には，事故発生時に，同行ヘルパーが警察署のどこへ緊急連絡すればいいかということと，警察署と議論して作成した「説明文書」（晋作の障害の状況，現在の支援の状況を記載しているもの）を事故現場で被害者に即座にお渡しするということです。同じ障害をもつ子の親御さんのなかには「謝罪の際には，障害を言い訳にしてはいけない」とおっしゃる方もいます。しかし，私は，障害を適切な言い訳にすることは，自分では決して言い訳ができない晋作の代弁をするという，親の大切な役割であると考えています。障害のある子の親は，ともすれば「周りに迷惑をかけてはいけない」と消極的な姿勢になりがちですが，目線を上げて，法律を学ぶことで適切な権利を知り，行政や医療，警察署，障害福祉サービス事業所，そして，社会のあらゆる方に対して，もう少しだけ前のめりな対話をするという「闘い」の姿勢が，未来の共生社会を創り上げるために大切なことであると実感しています。

第 11 章

強度行動障害支援における
医療と福祉の連携

市川宏伸

一般社団法人 日本発達障害ネットワーク／一般社団法人 日本自閉症協会

はじめに

　私が初めて強度行動障害児者に会ったのは，約40年前に児童精神科病院に奉職した頃である。強度行動障害児者の多くは，IQが測定不能であり，言語もなかった。当時の病院には約170人の入院者がいたが，そのうち70人ほどは長期在院者であり，成人年齢であった。長期在院者がいることは，新たな入院者が少ないことにもつながり，病院の施設化が起きていたことになる。退院者が少ないことは，スタッフの士気があがらないことにもつながっていた。

　男子の病棟には強度行動障害者病棟があり，床暖房の上に成人が裸で寝ていた。食事も排泄も自分でできない入院者であった。彼らは幼児期を心因論のなかで過ごした自閉症者たちだった。「保護者が愛情を注げばよくなる」とされ，ひたすら愛情を与えられて育ってきていた。私が児童精神科病院に勤務していた頃は，心因論に基づく育て方への反省から，「本人が将来成人になった際に，一人でできることを可能なかぎり身につける」ことを目指す対応が行われていた。少量の向精神薬が投与され，毎日散歩や運動をして過ごしていた。彼らの多くは，在院期間が長期になっており，保護者は高齢化して，面会も難しくなっていた。保護者は「入院時の主治医は『完全によく

なったら退院する』と約束した」と訴えても退院は拒否された。保護者が亡くなられ，引き取り手が兄弟の世代になると，配偶者の意向もあり，ますます退院は困難になっていった。実際に引き受けてくれる精神科病院，成人入所施設もほとんどなく，新設された病院・施設に数少ない空き病床を求めていた。

　女子の病棟は，出窓や柱の木が患者によって食いちぎられ，デイルームの天井には飯粒がこびりついていた。食事を素直にとれない者も多く，戻してしまうのをだましだまし食べてもらうのに1時間以上かかっていた。強度行動障害者が6～7人もいる病棟では，床にマットを敷き，患者さんを押さえつけて，口に食事を押し込み，口と鼻を閉じていた。食事を飲み込んでくれない場合は危険があるため，手を離すと，食事が勢いよく天井に飛んでいく。天井に残っていたのはその跡だった。スタッフは手慣れており，事故は起きなかった。女子病棟には脳炎・髄膜炎後遺症の患者さんも多く，CTで脳を撮ると蜂の巣様の像がみられる人も少なくなかった。その後数年して脳炎・髄膜炎後遺症の患者さんは激減していった。内科・小児科で，感染症に際して抗ウイルス剤を予防的に投与するようになったからであった。転院または施設へ移転される方は年に数人であり，最終的にこれらの在院者がゼロになったのは，この病院が他の小児科病院と合併した約40年後であった。

　私はその後，知的障害児入所施設に転勤し，医務科に勤務した。ここでも130人ほどの利用者がいたが，その30％近くは成人になっていた。医療が関与したことのない利用者もいたが，約80％は自閉スペクトラム症と診断可能であった。さらに脳炎・髄膜炎後遺症，結節性硬化症，小頭症などの方がおり，同時にダウン症，てんかん，脳性麻痺などを合併している方もいた。ここでは強度行動障害者が特定の生活棟に在籍しており，スタッフはほとんどが男性であった。成人になっても，成人の病院・施設が引き受けてくれないため，結果として，対応の難しい強度行動障害者が子どもの病院・施設に居住していた。この状況は医療においても福祉においても解決されていない問題であり，近年開かれた障害児入所施設検討会で，厚労省からやっと解決の方向性が示されたところである。一方で，成人の病院・施設に行けばこれら

の対応が十分に行われるかと考えると，やはり疑問である。施設の医務科にいたときに，前歯が2本欠けた利用者が来たので事情を尋ねると，スタッフが「愛情の発露です」と，平気でみずからが殴ったことを認めた。病院の院長をしていた際は，病棟回診で各病室を回ったが，強度行動障害者には握手をすることにしていた。こちらが手を差し出すとおびえて頭を隠す入院者がおり，乱暴をしているスタッフの存在がうかがえた。

医療における強度行動障害

　医療において強度行動障害の治療を担っているのは，小児では小児神経科，児童青年精神科などである。前述したように，児童青年精神科は精神科のなかでも圧倒的少数であり，小児神経科も小児科の1つの分野である。行動上の問題が激しい場合は児童青年精神科，行動上の問題が少ない場合は小児神経科というのが一般的な分け方である。成人になってからは精神科が担当するべきだが，精神科は統合失調症やうつ病などを専門とし，一部の精神科に自閉症はもちろん知的障害も対象と考えている様子はなかった。

　統合失調症やうつ病については，症状の極期に治療が開始され，初期に向精神薬を多量に投与することから始まる場合が多い。一方で，強度行動障害の場合は，対応の仕方や状況によって激しい行動を示すことが多いため，向精神薬を初期に多量に投与することはめったになかった。経験的にも，向精神薬は他傷行為には有効だが，自傷行為にはあまり有効でなかった。薬物治療に頼るよりは，対応や環境の調整をしたほうが有効なことが多く，明らかに統合失調症やうつ病への対応とは異なっている。

　私の経験でも，異食，自傷，激しいこだわり行為などは薬物治療が第一選択とはならない。本来消化できないものを嚥下してしまう異食を例にとると，「鋲やネジを飲んでしまった」という報告を受けてレントゲンを撮り，消化器官にそれがある場合は様子を観察する。何日かして映らなくなれば，排泄されたということになる。しかし，別の鋲やネジが映っていることもある。もっと怖いのは，レントゲンに映らないプラスチック類を飲み込んだ場合で

ある。腸に引っかかってしまい，腸閉塞になり，腸切開に至った経験もある。ボールペンの長い芯を飲み込んでしまい，先のボール部分しか映らないため見逃しているうちに，腸を曲がり切れずに腸に穴を開け，緊急外科手術になったこともあった。重度の知的障害で，髪をむしりとり摂取してしまったものが，毛玉となったりプラスチックに引っかかったりして腸閉塞を引き起こし，切開手術に至ったこともある。似たことを再度引き起こし外科手術になった際には，外科医から「3回目は切開する部分がありませんよ」と注意された。

　知的障害を専門とする病棟は，精神科にも多くはない。私が仕事をしていた東京都でも，都立松沢病院に男女各1病棟あっただけであった。退院者はめったになく，入院者もないため施設化が起きていた。私の勤務する病院でも，大学病院の心理士が来院し，行動療法的対処を導入していた。普段の行動を2週間観察して，特定の行動に焦点を絞り，病棟スタッフ全員で2週間一定の対応をし，改善がみられるか否か観察していた。これにはスタッフ全員が一定の対応をとり続ける必要があり，一人でも自分の判断で別の対応をすれば，本当の効果は確認できなかった。

　このような状況下で，全国の病院の強度行動障害者の存在を調べた。国立病院機構（旧・国立精神科療養所）にこれらの病棟があることがわかったので，平成18〜20年，厚生労働科学研究（市川班）で，発達障害病棟（強度行動障害病棟）をもっている病院を対象に，その利用者について調査を行った。さらに日本精神科病院協会加盟病院にもアンケート調査を行ったが，強度行動障害への意識が低い病院が多かったためか，こちらの回答率は約30％であった。国立病院機構21病院のうち，発達障害者病棟をもっていると答えたのは10病院であった（図11-1）。2年以上在院している患者さんについてみると，在院期間は「2年以上」34人，「3年以上」43人，「5年以上」93人，「10年以上」99人，「20年以上」218人，「30年以上」69人，「40年以上」2人であり，長期在院者が多数いることがわかった（図11-2）。各病院に在院理由（複数回答）を尋ねると，「家人の退院拒否」11機関，「医療上入院加療が必要」12機関，「福祉施設の不足」10機関，「専門病院の不足」8機関，「家

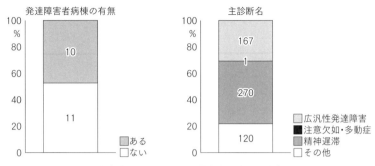

図11-1 国立病院機構における発達障害者病棟の有無と主診断名

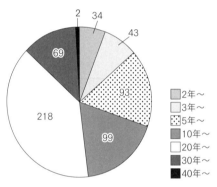

図11-2 長期在院発達障害者の在院期間

　人の死亡」4機関などであった。また，長期在院処遇についての意見を求めたところ，「他になく止むを得ない」11機関，「家人の希望」9機関，「病院の施設化」11機関，「不必要な入院である」11機関，「職員の士気の低下」6機関などが挙げられた。

　この9年後の平成27～29年，再び厚生労働科学研究（市川班）で，全国児童青年精神科医療施設協議会（全児協），国立病院機構，日本精神科病院協会（日精協）を対象に調査を行った。長期在院発達障害者は全児協91人／2828人，国立病院機構510人／2701人，日精協975人／3万4582人であった（図11-3）。9年間の発達障害患者の変化は，病院あたりでみると，全児協は「増加」5，「変化なし」7，「減少」4，国立病院機構は「増加」8，「変化

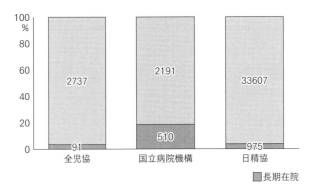

図11-3 長期在院発達障害者の比率

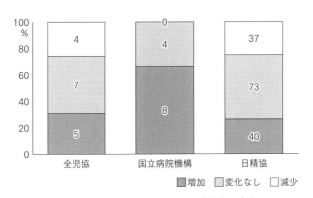

図11-4 ９年間の長期在院発達障害者の変化

なし」4，「減少」0，日精協は「増加」40，「変化なし」73，「減少」37で
あった（図11-4）。医療上入院管理が必要な長期在院入院患者は全体で1203
人で，その内訳は，「精神症状（行動障害を含む）により必要」969人，「身
体症状により必要」30人，「精神症状（行動障害含む）および身体症状によ
り必要」204人であった。

　医療というと，薬物治療がまず考えられる。現在，国が認めている薬物は，
6〜17歳の自閉スペクトラム症に伴う易怒性に対するリスペリドン（®リス
パダール），アリピプラゾール（®エビリファイ）のみである。一般的には，
他害，興奮，妄想・幻覚などには抗精神病薬が，気分変動には気分安定薬が

処方されるが，これらは医師の責任において処方される。最近は自閉スペクトラム症と注意欠如・多動症が重なることが多く，注意欠如・多動症の治療薬が使用されることも少なくない。しかし，前述したように，薬物治療だけで解決することは珍しい。

福祉における強度行動障害

　強度行動障害という名称が生まれる前から，「動く重心児」という言葉があり，①精神薄弱であって著しい異常行動を有する者は「重度精神薄弱児収容棟」において，②精神薄弱以外の精神障害であって著しい異常行動を有する者は「小児精神病院」において，治療を行う必要があると，中央児童福祉審議会（1970年）で決定された。東京都（梅ヶ丘病院），大阪府（中宮病院），三重県（高茶屋病院），北海道（静療院）の公立病院に，自閉症施設が整備され，翌年からは，この自閉症児施設における療育費用に対して国が助成をすることになった。現実には，精神薄弱児の入院希望の多くはIQ30以下で，行動上の障害をもっており，両親は精薄施設への入所を希望するが，精薄施設からは「これは精神病院でないと無理である」と断られていた。②については，自閉症などをイメージしていた可能性があるが，当時は，重度・最重度の知的障害児者に自閉症の診断がつくことはほとんどなかった。児童福祉法の改正（1980年）により，医療型の第1種自閉症児施設，福祉型の第2種自閉症児施設に区分された。養護学校の義務化が実現され（1979年），行動障害の著しい知的障害児が学校に通うようになり，義務教育の9年間，「日中の通い場所」が全国的に整備されたため，病院への入院，施設への入所希望が減少した。出生者数の減少もこれに拍車をかけたと思われる。行動障害児（者）研究会が1988年にスタートし，「強度行動児者問題は『複合的』な問題であり，真に有効な対応とは，それら様々な課題に対して，総合的・全体的に対応しなくてはならない」とされた。

　私が児童精神科病院に勤務していた頃から，強度行動障害児者は自閉症，器質性障害（脳炎・髄膜炎後遺症など）と診断される患者さんがいたが，そ

の後脳炎・髄膜炎後遺症は激減していった。知的障害児入所施設に勤務した際は医療が関与していない利用者もいたが，80％ほどは自閉スペクトラム症であり，残りは脳炎・髄膜炎後遺症，結節性硬化症，小頭症，ダウン症，脳性麻痺などで，じっくり診断すれば知的障害のみの利用者はほとんどいなかった。利用者への対応は，自閉スペクトラム症としてより知的障害として行われていることが多かった。

　1993年から5年間，強度行動障害特別処遇事業が実施された。強度行動障害児・者を対象に，精神薄弱児・者施設，第2種自閉症児施設において，①個室等の建物整備（定員4人），②指導員・精神科医・心理療法士等の専門指導員配置，③個別の支援プログラム作成による3年間の集中的・有期限支援（報酬単価2倍）が行われた。3施設でスタートしたが，17施設にまで増加した。この事業は福祉のみで対応しており，他施設あるいは自宅から特定の施設に利用者が移り，1年単位で2回まで延長した。この事業については厚生労働科学研究（石井班）として報告書が出されており，これをもとにこの事業の検討が厚生労働科学研究（奥山班）で行われた。杉山登志郎，川村昌代，寺尾孝士の3研究者が別途に評価を行った。杉山は強度行動障害の本質の約80％は自閉症の青年期パニックであり，「対象の中心は知的障害ではなく発達障害である」ことを指摘している。同時に，この事業の不十分さとして，「背景を考慮しない不十分な行動障害分析」「医療との係わり合いの不十分さ」などを挙げた。川村も，行動障害の原因を家族の問題，指導員の専門性，環境障害とした。また，療育の目標として，自閉症児を人として尊重すること，こころを大切にした交流，人との関係のなかでの療育を挙げた。寺尾も，予防対策として，障害特性・支援を熟知したスタッフの養成，学校・福祉・医療・行政など地域全体での支援体制の整備を挙げた。強度行動障害の本質を知的障害ではなく発達障害（自閉スペクトラム症）とし，自閉症を念頭に置いた対応が必要であることが改めて指摘された。飯田雅子らは，厚生労働科学研究（1998〜2006年）のなかで，強度行動障害に共通して有効であると考えられる支援として，①構造化による本人に了解しやすい環境の整備，②話し言葉に依存しない視覚的なコミュニケーション方法の活用，③

薬物療法をはじめとする医療との連携，④キーパーソンを中心とした信頼を回復できる対人環境の整備，⑤静穏環境の整備，知覚過敏への配慮，⑥生活リズムを整え，生理的な快適さを醸成すること，⑦自立してできる活動を見つけ，成功体験を積み重ねること，⑧十分な時間をかけた対応，を挙げており，同時にTEACCHプログラムの国内への普及を推奨している。

　※本節の内容は志賀利一「やまびこの里」の報告を一部変更した。

医療と福祉の連携

　今から30年ほど前，児童精神科病院から知的障害児入所施設に移って驚いたのは，医療否定が珍しくないことであった。自閉症とてんかんのある利用者がおり，「発作が起きた」という報告が来るたびに抗てんかん薬の量や種類を変えたが，発作は収まらなかった。いろいろと考えたが，了解できないことがあり，念のため生活棟の勤務表を見せてもらった。すると特定のスタッフが準夜に勤務した際にのみ発作が起きていることがわかった。このスタッフを呼び，事実を伝えたところ，「医療は利用者をダメにするものですから，自分が身を挺して守っていました」とのことであった。抗てんかん薬を捨てていたことを，自信満々に白状した。これは「本来受けるべき治療を受けさせない虐待に当たる」と考えて，園長に報告して注意してもらった。後でわかったのは，生活棟の寮長の一人に医療否定を公言している者がおり，彼はその信奉者であった。

　ある日，酒の席で酔った幹部職員が私のところに来て，「先生みたいに真面目に働かれては困ってしまうんだよ。医療は役に立たないということを証明するために医務科はあるんだから」と言われてびっくりしたことを覚えている。その約20年前に園ができたときは，園長をはじめとして幹部職員7人のうち4人は医師であった。私が勤めた際は，医師は一人で，7番目の幹部職員であった。よく聞いてみると，福祉施設に来る医師はなかなかおらず，決して良質な医療は提供されていなかった。漠然とした「医療への無力感」を抱いているように思い，施設スタッフを対象に医療研修会を開くことにし

た。勤務時間終了後に，「福祉における医療」という題で2時間の研修を年6回行った。園長からは，「残業手当を出さないと誰も来ないかもしれないよ」と言われたが，蓋を開けると，非番の職員も含めて，毎回100人弱が来てくれて，医療への興味を示した。調査したところ，福祉施設における事故死で一番多いのは入浴中の溺死であったので，全スタッフに人工呼吸を習得してもらった。「忙しくて参加できない」というスタッフもいたので，各生活棟を回って，人形を使った人工呼吸のデモと実地訓練を行った。こうした取り組みを行ってから，徐々に医療への"よそよそしさ"がなくなったように思えた。連携を図るには，「医療は何ができて，何ができないか」を伝えることが大切だと改めて感じた。

　数年後，児童精神科病院に戻って思春期男子病棟を担当した。そこには強度行動障害児がおり，パニックを起こして対応困難とのことで，個室対応していた。中学卒業年齢であり，単語レベルの言語があった。理由はよくわからなかったが，急に大声で笑い，暴力が出現した。自分の好きなスタッフに暴力が向かっており，靴下を履かせてくれているスタッフをいきなり蹴り上げて，スタッフが眼窩骨折したこともあった。大柄であり，本人も望むため，通常は車椅子に乗り，両手両足を形だけ縛っていた。「自分は乱暴をしない」という安心感が得られるようであった。

　入院してから2年半ほど経過した頃，ある程度定常状態に至ったと判断し，家人に退院の話をした。家人は「自宅に連れて帰る自信がない」とのことで，施設を探すことになった。実情を説明したうえで受け入れてくれる施設が見つかったが，遠距離のため飛行機で行かねばならなかった。本人に飛行機に乗ることを何回も説明し，ある程度理解してもらえたと感じた。飛行機の最後部座席に座り，私と男子看護師が両側に座って，暴れた際は抗精神病薬を注射できるようにした。飛行機は無事に目的地に到着し，空港から2時間ほどかけて山中の施設に移動した。

　そこの施設長に「よろしくお願いします」と頼んだところ，施設長は「なんだ，この車椅子と紐は！　これだから医療は困るんだよ！」と，本人の紐をほどいた。「医療が役に立たないことはわかっているから，パンフレット

には書いてあるけど，看護師は実際には配置していない！」と大した鼻息であった。一緒に訪ねた看護師と，「大丈夫かな」と目を見合わせた。別の便で到着した母と施設スタッフが話をするのを見届けて，帰ってきた。それから一月ほどして，この施設長から電話がかかってきた。「スタッフの一人が大怪我をしてしまった。うちでは無理なので，引き取ってもらえないか」ということであった。丁重にお断りしたが，施設長の声は弱々しかった。その後，地元の病院に入院を依頼したと聞いた。

　のちに病院長になってから，児の福祉施設で困った際に短期の入院をする制度を作り，声掛けしたところ，養護施設を中心に利用者があった。福祉施設で夜間騒いで寝ない利用者が出ると，非常勤の職員が呼ばれて対応するが，2週間を超えると職員全体が疲弊してしまう例があるため，数ヵ月預かり，落ち着いたら施設に戻ることとした。実際に運用して，「落ち着いたので，そろそろ戻っていただきたい」と連絡すると，「籍は抜いてありますので，当方は関与しません」という答えが続いた。児童相談センターに間に入ってもらい，「必ず引き取ること」「籍を抜かないこと」を約束してもらった。その後は一定の機能を果たしていた。

　東京都では，精神科病院に四人枠の入院枠を用意して，知的障害者入所施設で行動上の問題が激しい利用者を短期間預かる制度があった。この制度も一定の役割を果たしていたと思われるが，措置制度から契約制度に移行した際になくなってしまった。現在は，特定の病院で預かってくれる状況であるが，「改善しなかった際，どうするか」などが決まっておらず，好意で受け入れた病院が困ってしまうこともある。

おわりに

　厚労省の検討会などに出席すると，身体障害者は医療と福祉が見事に連携して国に要請を行っている。一方で，知的障害・発達障害においては，医療と福祉はバラバラに動いており，国への要請もバラバラである。前述したように，福祉側に医療側への忌避感があるのは事実だったと思うが，これが続

くことは利用者にとって不幸なことだと思う。この背景には，医療側が良質な医療を福祉に提供してこなかったことがありそうである。医療においても，知的障害や発達障害は治療の対象にならないと考えられることが多く，専門とする医師は少なかった。学会においても同様であり，7〜8年前には，日本精神神経学会の学術集会で強度行動障害をテーマに取り上げても，会場は閑散としていた。この3〜4年は会場に立ち見も出てくるようになった。2021年，国立肥前精神医療センターの曾田千重医師に事務局をお願いして，強度行動障害医療研究会を立ち上げた。130人ほどのWeb会員が参加してくれ，医療だけでなく福祉や教育などの関係者も参加してくれた。福祉でも，医療との連携が必要であるという考えが増えており，これはよい機会だと考えている。しかし，「福祉施設では難しいから病院で診るべきだ」という論理では，病院は預かることが難しい。病院は，あくまで治療の場であり，一生いるべき場所ではない。お互いに相手を知って協力することが重要である。

　発達障害者の高齢化以降についての報告は少なく，現在調査が行われているところである。強度行動障害についても，高齢化に伴い行動上の課題は減ると考えられているが，詳細はよくわかっていない。身体上の課題は増加しており，医療が必要になるが，前述したように受け入れは十分とはいえない。たとえば，重症心身障害者を対象にした人間ドックは全国に約100ヵ所といわれているが，強度行動障害者を対象にしたものはほとんどない。これらについては，別の報告がある。

　強度行動障害児者には，最近になって医療だけでなく福祉教育などでも興味をもつ人が増えている。福祉でも強度行動障害支援者養成研修が進んでおり，福祉スタッフの意義も徐々に変わってきている。さまざまな職種が協力して対応することが期待される。

第12章

強度行動障害支援者養成への組織的アプローチ

マネジメント，ガバナンス，リーダーの役割を通して

松上利男
一般社団法人 全日本自閉症支援者協会

はじめに

　令和元年度の厚生労働省障害者虐待対応状況調査によると，障害者福祉施設従事者等による障害者虐待は，547事例，被虐待者734人であった。被虐待者のうち37.5%が行動障害のある者である。調査が始まって以来，被虐待者における行動障害のある者の割合は増え続けている。

　虐待案件から見た法人・事業所のマネジメント，ガバナンス，組織運営についての共通した課題は，①「理念」「使命」「ビジョン」の欠如，②長・中期事業計画，運営方針の欠如，③理事会，評議員会の形骸化，組織としての牽引体制の欠如，④コンプライアンスの欠如，⑤役割分担や指揮命令系統，責任の所在が不明確などの組織的な事業所運営の問題，⑥苦情解決，説明責任の問題，⑦職員や関係機関との連携の欠如などが挙げられる。また，利用者支援，人材育成，とくに行動障害者支援については，①自閉症の障害特性の理解についての専門的知識の欠如，②支援者を育成するスーパービジョンに基づくスーパーバイザーの不在，③組織的・計画的な職員採用や育成がなされていない，などの課題がある。

　本章では，行動障害者支援を担う支援者の養成，人材育成におけるマネジメント，ガバナンスのあり方とリーダーの役割について考察し，提案を行う

こととする。

行動障害者支援を担う支援者の養成

（1）強度行動障害支援者養成研修の意義と課題

　平成24年10月に障害者虐待防止法が施行されたが，被虐待者のなかで行動障害を伴う者の割合が高い現状を改善するために，行動障害者に対する支援者の支援力向上を目指して，平成25年度より，強度行動障害支援者養成研修が実施されるようになった。

　一般社団法人 全日本自閉症支援者協会（以下，全自者協）は，厚生労働省障害者総合福祉推進事業において，「強度行動障害児者に携わる者に対する体系的な支援スキルの向上及びスーパーバイズ等に関する研究」（令和元年度），「強度行動障害者に対する，コンサルテーションの効果と，指導的人材養成に関する研究」（令和２年度）を実施した。この２年間の研究のなかで，「生活介護事業所における強度行動障害者支援の取り組み」についてのアンケート調査が行われた。

　この調査の結果，有効回答891ヵ所の生活介護事業所のうち，強度行動障害支援者養成研修・基礎研修を修了した支援者が5451人配置されており，一事業所あたり平均6.1人であることがわかった。全利用者数は３万6106人であり，利用者6.1人に対して１人の研修修了者が配置されていることになる。また，全事業所の44.4％に相当する396ヵ所において，少なくとも過去５年以内に事業所や運営法人単位で外部講師等を招聘して，強度行動障害者支援に関連する独自の研修会を開催している。

　強度行動障害支援者養成研修において紹介している７つの標準的支援項目（①アセスメント：障害特性シート，②アセスメント：氷山モデルシート，③支援手順書，④記録，⑤物理的構造化，⑥視覚的スケジュール，⑦ワークシステム）を総合的に「十分活用している」「おおむね活用している」と回答した事業所は125ヵ所であり，有効回答事業所の14％であった。この数字から，研修内容は十分には支援現場に浸透していないと考えられるが，研究

に携わった検討委員会では、「ゆっくりであるが浸透が進んでいる」と推測している。

　しかし、このアンケート調査から、座学としての強度行動障害支援者養成研修の受講は進んでいるが、研修で学んだ標準的支援を事業所での日常的な利用者支援に活用・般化する取り組みは進んでいないという実態が明らかになった。利用者支援への活用・般化が進まない要因として、利用者の障害特性を理解するうえでのアセスメントとそれを支援計画に落とし込むプロセスのハードルが高いことが主要な要因であると推測されている。

　以上の調査結果を踏まえると、今後の強度行動障害者支援に携わる支援者養成について、強度行動障害支援者養成研修修了者への継続した実務研修の実施、およびその養成プログラムの開発が必要であると考える。とくに事業所において人材育成を担うスーパーバイザー（中核的人材）の育成が急務である。

（２）人材育成研修に対する都道府県のニード

　平成30年度障害者総合福祉推進事業「強度行動障害支援者養成研修の効果的な研修カリキュラム及び運営マニュアルの作成に関する研究」において、全国47都道府県を対象に、「現在の強度行動障害支援者養成研修（基礎・実践研修）とは別にどのような研修が新たに必要と考えるか？」を自由記載で問うている。その結果、20都道府県から、コンサルテーションやスーパーバイズを含めたフォローアップに関する研修の必要性が示された。その背景として、「疲弊している職員や支援に対して不安を感じている職員がいる」「強度行動障害支援者養成研修で学んだ内容の活用状況の確認」「困難事例・成功事例の情報交換をする場が必要と感じている」といった意見や要望があがっている。

　以上の調査結果を踏まえて、とくに事業所における人材育成を担うスーパーバイザー（中核的人材）の育成と、組織的に人材育成に取り組むための組織的アプローチについて、次に述べることとする。

（3）行動障害のある人への適切な支援を実現する組織的アプローチ
の基本

　組織的アプローチの基本の1点目は，「OJTを基本としたスーパービジョンの仕組みを構築する」ことである。スーパービジョンを通して，支援者の育ちと成長を支援することで，組織としての成長につながり，また支援者のバーンアウトの防止につながる。2点目は，スーパービジョンを担うスーパーバイザーの養成である。スーパーバイザーの養成については，外部スーパーバイザーの活用，コンサルテーションによる人材育成も有効な方法である。3点目は，チームによる組織的・統一的な支援である。支援にあたっては，アセスメントと障害特性の共通した理解と個別的な支援マニュアル等に基づく統一した支援が求められる。そして，個別支援については，PDCAサイクルを回し続けて支援することが重要である。4点目は，困難ケースを事業所で抱え込まないことである。そのために，地域資源の活用，相談支援事業所や他の支援機関との連携というソーシャルワークの視点が重要となる。

　スーパーバイザー育成の1つの方法として，外部スーパーバイザーによるコンサルテーションの活用を挙げたが，次にコンサルテーション活用の成功事例について具体的に述べることとする。

（4）コンサルテーションを通した人材育成の有効性：A学園の事例
　①A学園におけるコンサルテーションの実際
　筆者が理事長を務める社会福祉法人 北摂杉の子会（以下，北摂杉の子会）では，人材育成研修室を設置して，事業所からの強度行動障害支援者養成のニーズを受け，令和2年度より，26ヵ所の事業所にコンサルタントを派遣（標準的に月1回の事業所訪問）している。

　A学園は県立の知的障害児者入所施設の運営を民間法人が受託して，平成16年4月に開設した定員60名の障害者支援施設である。利用者の8〜9割が重い知的障害を伴う自閉スペクトラム症・行動障害のある人で占められている。行動障害のある利用者支援についての支援力不足，マンパワー不足などで，利用者に対する虐待事案（夜間の利用者居室への施錠）があり，その改

善に向けた支援者の支援力向上が課題としてあった。

　A学園運営法人からのコンサルテーションの依頼があり，平成28年度から月2日間（平成29年度からは3日間）のコンサルテーションを開始する。平成28年度は，「自閉スペクトラム症の特性の理解」「評価と目標の設定」「構造化」「コミュニケーション」「行動上の問題の理解と対応」などの研修を全支援員に実施して，自閉スペクトラム症の特性理解と支援についての共通理解を深めるとともに，支援が困難な行動障害のある2～3事例を挙げて，「評価⇒支援計画の立案⇒支援の実施⇒再評価」のPDCAサイクルを通して支援スキルの底上げを目指した。評価に関しては，評価キットを用いた利用者に対する直接アセスメント場面をビデオ撮影して，利用者の障害特性の分析と障害特性についての共通理解を進めた。平成29年度からは，将来スーパーバイザー（中核的人材）の役割を担う人材の養成を目的として，法人が人選した8名のコアメンバーに対し，事例を通した集中したスーパービジョンの実施を行っている。

　②コンサルテーションの成果と組織的成長
　A学園での3年間のコンサルテーション事業を通して生じた組織的な変化について，施設管理者と支援部門責任者にヒアリングを行った。その結果は以下である。
　〔支援員の変化と成長〕
　利用者支援については，アセスメントから支援を組み立てていくようになったので，支援が困難なときにアセスメントに戻って考えることができるようになった。利用者の示す行動面の理解については，氷山モデルの氷上の表面に現れている行動面だけに着目するのではなく，その行動の背景にある障害特性から見た要因に着目するようになった。また，部署の垣根を超えた連携ができるようになった。利用者支援の成功体験が増えたので自信とやる気につながった。考える職員集団に成長した。必要に応じてカンファレンスを開くようになった。問題を先送りしないようになった。困ったときにスーパーバイザーにすぐに相談できる環境が大切である。実践発表会を地域の他事

業所，行政・関係機関などを対象に実施して，他の事業所から好評を得たことで，自信につながった。

〔組織としての変化と成長〕

職員の求人に当たっては，「学ぶことができる施設であること」を売りにできることで，人材確保への手ごたえを得た。研修をしなければならないという意識が高まった。法人内事業所の枠を超えて学ぶようになったことで，法人の理念・使命・ミッションの実現に向けて，職員間でベクトルが揃うようになった。法人に人材研修室が創設された。職務権限が明確になったことで，組織的マネジメントの向上につながっている。

③コンサルテーションの成果

コンサルテーション事業を通して，アセスメント力不足が事業所の共通した課題であったが，コンサルテーションを受けることで，事例を通した障害特性の理解とアセスメント力の向上につながった。支援者が長期的見通しのなかで支援を考えることへのサポートが重要であることから，コンサルテーションでは，スモールステップを積み上げることにより，職員が成功体験を実感でき，達成感がもてる支援を大切にした。具体的には，「スモールステップを積み上げる⇒成功体験の気づきへのサポート⇒支援者が自信と達成感を得る⇒実践の外部発信⇒支援者の成長⇒組織の成長」という好循環につなげる支援を行った。コアメンバー（スーパービジョンを担うスーパーバイザー）の育成を通して，OJTを基本としたスーパービジョンを活用した継続的な人材育成が可能となった。

以上のコンサルテーションを活用したA学園での人材育成を通して，強度行動障害支援者養成研修で学んだ標準的支援を事業所における利用者支援に般化させるためには，組織的な人材育成のアプローチが重要であることが実証された。同時に，人材育成を進めるうえで，外部コンサルタント（スーパーバイザー）を活用した人材育成の有効性が示された。

最後に，A学園における人材育成を通して明らかになったリーダーの役割

について，北摂杉の子会における人材育成の取り組みも踏まえて考察することとする。

人材育成におけるマネジメント，ガバナンスのあり方とリーダーの役割

（1）運営管理者の責務

　人材育成を組織的に行ううえで，言うまでもなくその組織のリーダー，管理者のあり方，役割が重要となる。

　人材育成におけるマネジメント，ガバナンスのあり方については，「障害者福祉施設等における障害者虐待の防止と対応の手引き」に，運営責任者に求める2つの責務が示されている。

　責務の1つは，「明確な組織としての理念，ミッション，ビジョンに基づく長・中期事業計画を策定し，PDCAサイクルを回し続ける組織運営をすること」とされている。「理念」とはその組織が「なぜ存在するのか」であり，「ミッション」は組織がその理念に基づいて「何を成すべきか」である。とくに社会福祉法人は，社会福祉法第24条（経営の原則）に明記されているように，「社会福祉事業の主たる担い手」とされる。このことから，社会福祉法人は，地域社会の公器であり，地域の財産であるといえる。その使命と役割から，公器としての社会福祉法人は，地域の社会福祉の課題に向き合い，その解決に向けた働きをしなければならない存在だと考える。

　全自者協の研究事業で，強度行動障害者支援について地方自治体の要望を調査した結果，「強度行動障害者を積極的に受け入れる施設が少ない」「在宅の強度行動障害者を支える事業所が少ない」「事業所における強度行動障害者支援の専門性の確保」という要望が多く出されている。公器としての社会福祉法人・事業所は，この地域課題を受け止め，強度行動障害者を積極的に受け入れ，強度行動障害者支援の専門性確保に向けた人材の育成を行わなければならない。

　以上のリーダーとしての責務を踏まえ，リーダーは，「法人・事業所の理

念，ミッション，ビジョンを実現すための現場力を高めること，そのための研修の提供とOJTを基本としたスーパーバイザーによるスーパービジョンの実施」の実現に積極的に取り組んでいただきたい。

運営責任者の2つ目の責務は，「現場力を高めること，人材育成」とされている。どんなに素晴らしい組織としての「理念」「ミッション」「ビジョン」を掲げていても，それを実現するのは，現場力である。強度行動障害者の受け入れを積極的に行い，適切な支援を提供するという組織としてのミッションを実現するには，支援者の専門性の向上，すなわち現場力の向上について，組織的に取り組まなければならない。

組織的に取り組む基本は，みずからの組織の「理念」「ミッション」「ビジョン」に基づく長・中期事業計画に人材確保・育成計画を落とし込み，人材確保・育成についての組織的マネジメントを実行することである。「組織の成長は，人材の成長にある」との視点に立って，強度行動障害者への支援力の向上をぜひとも目指してほしい。

前述したA学園における外部コンサルタント（スーパーバイザー）を活用した人材育成の実践から，職員の成長が組織の成長につながるという「循環成長モデル」が誕生した。その循環成長モデルは，「人が育つ⇒支援の質が上がる⇒やりがい・モチベーションが上がる⇒離職者が減る⇒組織の成長が図れる⇒地域ネットワークが広がる⇒地域での信頼と評価が上がる⇒法人・事業所のブランドイメージが向上する⇒優秀な人材（財）の確保ができる⇒人が育つ」という循環モデルである。リーダーの方々には，「強度行動障害者支援を通した支援者の育成は，人材の成長に大きな影響を与え，そのことが組織の成長につながる」ことを理解し，実践していただきたい。

（2）虐待防止推進に向けた人材確保と育成の要諦

筆者は，障害者虐待防止における人材確保と育成の組織としての要諦として次の観点を示しており，これらは強度行動障害支援者養成に共通するものと考える。

①組織が必要とする明確な人材像を示す

②支援者としてのあり方（倫理，価値，コアバリュー）を示す

③職員に対するキャリアパス支援（人材育成計画と研修，スーパーバイズを基本としたOJT，キャリアパスへの支援，資格取得支援，業務貢献表彰制度など企画提案力アップに向けた支援など）

④自由闊達に議論できる組織文化の醸成

⑤働きやすい環境，定着支援（ワークライフバランスの導入，ストレスマネジメントなど）

⑥行動障害のある利用者への支援力アップ

　前述した運営管理者（リーダー）の責務である「現場力を高めること，人材育成」についての組織的アプローチの観点として，この「虐待防止推進に向けた人材確保と育成の要諦」を参考にしていただきたい。とくに職員の採用は，組織にとっての重要なリスク管理の1つであると考えている。そこで，みずからの組織にとって必要とされる明確な人材像を示すことが必要となる。

　北摂杉の子会では，法人が求める人材について「求める人材像」を示しているが，その1つに，「福祉のプロとしての自覚と誇りをもち，利用者及びその家族に対して，より適切なサービスの提供や説明を果たせるよう専門性を磨くとともに，みずからのキャリアアップに努める職員であること」を掲げている。

　私は，対人援助専門職は，常に「説明ができる支援，すなわちエビデンスベースの支援（evidence-based practice）の提供」に努めなければならないと考えている。強度行動障害者の支援には非常な困難が伴う。その反面，支援者の専門性を高める大きな可能性を秘めている。リーダーは，真摯に利用者に向き合い，支援を行っている職員の働きを常に下支えする存在であり続けてほしいと思っている。

　また，支援者の支援スキルの向上とともに，対人援助専門職としての倫理・支援者としてのコア・バリュー（中核的な価値）が重要である。

　北摂杉の子会では，以下のような支援者としてのコア・バリューを示して

いる。

①統合化：利用者の障がい状況に関係なく，利用者に対する支援を地域社会とのつながりのなかで行うことを基本とする
②個別化：利用者のそれぞれのニーズに基づいた個別的な支援を推進する
③専門性：利用者のもつさまざまな障がいや心理的社会的問題，ニーズを理解し，利用者自身がその問題を解決し，そのニーズを実現するための支援技術の向上に努める
④地域：地域に暮らす知的な障がいのある人やその家族に対して，施設の機能，専門性を活用し，積極的な支援を行う
⑤連携：利用者本人を中心として，家族や関係機関，地域住民との連携を大切にし，トータルケアを推進する。また支援を行ううえで，職員間の連携を大切にする
⑥人権：利用者の人権を中心に据えた支援を行う。利用者の個性，年齢に応じた支援を行う。また，社会に対する啓発運動を積極的に行う

　このように対人援助専門職としてのコア・バリュー（支援者としての倫理，価値）を示すことで，日常の利用者支援を振り返ることが可能となる。
　福祉サービスの特徴は，「無形性」「生産と消費の同時性」「消滅性」である。この特徴を具体的に示すと，「電化製品のように形として現すことができず，無形であり，実際に使ってみるまでは実態がわからず，評価もできない」「提供する支援サービスは，生産と消費の同時性があり，いったん提供したサービスは，やり直しがきかない」「いったん提供したサービスは，その内容いかんにかかわらず，形としては残らない」という特徴である。このことから福祉サービスは，やり直しができないし，マンネリ化しやすいという特徴を有していることになる。対人援助専門職としての成長を支えるためには，日常の利用者支援に対する気づきが重要である。そのことからも，強度行動障害者に携わる支援者の養成に限らず，スーパーバイザーによるOJTを基本としたスーパービジョンによる支援者養成は，リーダーとしての重要

な責務である。ぜひスーパービジョンを組織のなかに位置づけていただきたい。

　［文　献］
（1）一般社団法人 全日本自閉症支援者協会「強度行動障害児者に携わる者に対する体系的な支援スキルの向上及びスーパーバイズ等に関する研究（2020年度厚生労働省障害者総合福祉推進事業）」
（2）一般社団法人 全日本自閉症支援者協会「強度行動障害者に対する，コンサルテーションの効果と，指導的人材養成に関する研究（2021年度厚生労働省障害者総合福祉推進事業）」
（3）松上利男「障害福祉分野における人材養成の在り方について」『発達障害研究』41巻，164-169頁，2019.
（4）遠藤功『現場力を鍛える―「強い現場」をつくる７つの条件』東洋経済新報社，2004.

若い世代の支援者に
伝えたいこと

中野伊知郎
社会福祉法人 侑愛会星が丘寮

西田武志
社会福祉法人 南山城学園

新谷義和
おかやま発達障害者支援センター

日詰正文
（司会）

自己紹介

日詰 みなさん，本日はよろしくお願いします。

　今回の本で読者に伝えたかったことの1つは，強度行動障害って，自閉症の特徴はずっとあるわけですが，すごく激しい時期は一生続くわけじゃなくて，その後の人生もある。若い頃に大変でもいつかは抜け出せるんだという話は，いま大変な人にとって安心材料になると思うので，そこを希望としてお伝えできたら，ということです。それからもう1つは，通り過ぎてみてわかったことと言いますか，成人期や高齢期の人を支援するなかで，幼児期や学齢期にこういうふうにしておけばよかったんじゃないかという，ご本人から預かっているメッセージのようなもの。そういったことを，今日はお話しいただけたらと思っています。

　それでは，簡単に自己紹介をしてもらうところから始めていきましょう。北のほうからということで，中野さん，お願いします。

中野 こんばんは，中野と申します。私は北海道にある社会福祉法人 侑愛会星が丘寮に勤めて30年以上になります。その間，入所施設で重度知的障害の伴った自閉症の方々とかかわってきました。利用者のなかには行動上の課題を抱えている方が多くいらっしゃり，そうした方の暮らしを支えてきまし

た。これまでは，安定した生活のための支援を中心にいろいろな取り組みを行ってきましたが，最近は，利用者の生活の質を上げるためにどうするかということを考えるようになってきたところです。その1つとして，40代や50代の利用者で，行動上の課題が少し落ち着いている方々をグループホームに移行するという取り組みを始めています。今日はそのあたりを具体的な方法も含めてお伝えできればと思っております。

日詰　ありがとうございます。北からなので次は西田さん，お願いします。

西田　京都にある社会福祉法人 南山城学園の障害者支援施設「翼」に勤務している西田です。入所施設からスタートした法人で，今年で創立57年になります。私の勤務している施設は，比較的若年で自閉症の特性の強い方を対象とした施設として，平成11年に開所しています。私自身，そこで20年以上，強度行動障害のある方とかかわってきています。今日は勉強させていただきたいと思います。

日詰　はい。では最後，新谷さん，よろしくお願いします。

新谷　私は社会福祉法人 旭川荘に35年間勤めて，現在はおかやま発達障害者支援センターで勤務をしています。私は平成5年から始まった強度行動障害特別処遇モデル事業の立ち上げからかかわってきたこともあって，今回は参加させていただいたものと考えています。日詰さんが発達障害者支援センターの専門官をされていたこともあって，日詰さんにはいろいろとお世話になっています。私は強度行動障害特別処遇モデル事業の時代からいづみ寮という障害者支援施設で14年ぐらい仕事をしていました。その後は発達障害者支援センターに6年，さらにその後はわかくさ学園という福祉型障害児入所施設の施設長という立場で勤務し，定年退職した後，再雇用でまたおかやま発達障害者支援センターに移ったという経緯です。

グループホームへの移行の取り組み

日詰　みなさん，自己紹介をありがとうございました。それでは，少しずつ話題に入っていきたいと思います。

　まず最初に，強度行動障害で大暴れしていたり，自分のことを叩いたりと

いった大変な時期があって，その後，そこから抜け出していった方のエピソードで，印象的だったものを，みなさんにお話しいただければと思っています。昔は大変だったけど今はいい感じで暮らしている，といった，読者の方に「いつかそうなるんだ」という希望をもっていただけるような話をぜひ聞きたいなと思っています。また北からでいいでしょうか？　中野さん，お願いします。

中野　最近，法人内の施設長と，これまでの支援でうまくいったことについて話すことがあります。そうすると，「環境を整える」ことが重要なポイントだろうとみなさんおっしゃいます。そして，ただ単に環境を整えるだけではなく，人とのかかわりも含めた環境という捉え方をしていかなければ成果に結びつかないのではないだろうか，ということです。もう1つ，暮らし全般において一貫した支援を継続していくことも大切です。入所施設のメリットはそこにあるのではないかと思います。日中も夜間も休日も余暇も，その人にとって必要な支援を一貫して行えるかどうか。といっても，入所施設が必要だと言っているわけではなく，一貫した支援を継続できる仕組みを広げていくこと，そのために必要な連携を図らなければならないということです。

　これまで，利用者の方々との20年間で，そういう取り組みをしてきただろうかと考えることがあります。思春期を迎えてさまざまな行動上の課題を抱えて入所された方が多く，強度行動障害の判定基準で20点以上と言われた人たちが，在宅や地域で暮らすことが難しくて，専門的な支援を受けたいというニーズをもって，星が丘寮や第二おしま学園を利用されています。そうしたなかでは，最初からうまくいったケースはほとんどなかったかもしれません。時間をかけて，3割くらいはうまくいったかなという感じです。4割は，長期間何とか継続して支援していき，少しずつ手ごたえを感じる。残りの3割は，一時的によくなっても，暮らしの質が上がったとか，成果を実感できるところまでは難しかったかなと思います。当初は，在宅ではトイレも行けず，部屋で排泄したりとか，窓ガラスを全部叩き割ってしまって警察を呼び，緊急で短期入所に来たりとか，そういうことが入り口のかかわりなので，私たちもどこから手をつけていいのか，正直わからなかった時期がありました。

まずは生活を整えることを基本として，ゆっくりかかわっていくことが最初のプロセスになります。そして日々の行動を観察して，ご本人の特性を1つずつ拾い上げることで，その困難さが少しずつわかってくると，具体的な支援が形になっていくのだと思います。そのような場面を広げながらアセスメントを行い，評価をする場面が設けられるまで，1年くらいかかったケースもありました。さらに生活習慣や生活リズムを整えるのに1年くらいかかるので，その間職員は大変な状況に振り回されてしまうことがよくあります。

　しかし，そういう方々がある程度見通しをもって暮らせる環境を獲得できたときには，問題となるような行動は間違いなく減少する，そのことは実践のなかで学んできました。そういった方々がグループホームに14人ほど移行したところです。グループホームではありますが，24時間の切れ目ない支援は必要ですし，日中活動は星が丘寮の生活介護を利用しています。また，今までかかわった職員が支援にあたり，一貫した支援を継続しながら新しい暮らしのスタイルを提案していく取り組みです。

　そのようなことを通して，少しずつ生活の幅が広がるようになってきたと思います。親御さんの思いとしては，入所施設だと安心感があるようで，グループホームへの移行の話をすると「うちの子は無理ですよ」と言う親御さんがほとんどです。そのため，中間的な施設を作る取り組みをしています。6人の小さなユニットで3年間かけて生活の組み立てを行い，そこで獲得したその方の生活スタイルをグループホームへ移行するというものです。その様子を親御さんにも見てもらい，「これなら大丈夫」という裏づけのようなものを得たうえで，グループホームに移行します。地域での暮らしを基本とした生活スタイルで大事にしていることは，社会的な活動の幅を広げていくということです。

　適切な支援があれば，さまざまなことにチャレンジでき，社会参加する機会も増えていきます。そのことを通じて，「できない人」とあきらめるのではなく，さまざまな可能性を信じることが大事だと思います。

日詰　ありがとうございます。西田さん，新谷さんから，今の中野さんの話に対して何か感想などあれば……。

新谷 すごく構想を練って取り組まれているなと感じます。人を含めた「わかる環境」をつないでいく，そしてつないだなかで広がりをもたせていく，そういうところがとても大事な視点だなと思いました。

日詰 そうですよね。西田さん，いかがでしょう。

西田 20年かかったというのが，重い言葉だなと思ってお聞きしました。私たちは行動の改善ということにどうしても着目してしまいがちで，それに職員も一喜一憂するところがあって，ただそこは成果が出にくいこともいっぱいあったと思うんです。そのなかで，人の環境をできるだけ変えずにつないでいくとおっしゃいましたけど，20年の間には退職や異動もあったと思うので，そのあたりをつないでこられた努力というのは，並大抵ではなかっただろうなと……。

日詰 そうですね。一貫性って漢字だと三文字ですけど，それは並大抵のことじゃないですよね。でも，それを願っているのが当事者の人たちですものね。それをこちらの都合じゃなくて支援する，それが提供できると，わかってくれるというか，お互いに折り合えるというか。長い時間がかかっても，生活の質を考えていくことがとても大事になっているわけですね。今，サービスは細切れになってしまっているので，そこがちょっと難しいのかもしれないですね。

中野 そうですね。構造化によってさまざまなことができることに支援者が気づくと，新しいことにチャレンジする機会が増えるのだと思います。そのためにも，できないことに着目するのではなく，わかるように伝えることが大事です。

日詰 その学習スタイルの申し送りが切れちゃうんですよね。

中野 そうですね。大事なのは，構造化を引き継ぐことではなく，自閉症の特性であったりその人の特性であったり，アセスメントに対する正しい情報を引き継いでいくことだと思います。環境が変われば学び方も変わることがあるので，その正しい情報をもとに，一から構造化をしていくことが大切になります。

新谷 昔は「なんちゃってTEACCH」なんて言葉がありましたけれども，

まさにそうだと思いますね。アセスメントをしっかりしておかないと，場面が変わったら一からやり直しというパターンってけっこう多いじゃないですか。その場に合った環境を整えることが一番のポイントだろうなと，中野さんの話を聞いていて思いました。

日詰　そうですね。この場所では彼は何が不安だろうかとか，どうやって安心材料を見つけるんだろうかとか，それを考えることですよね。あるいは本人の視点はどうなのかというのをこっちが知っていて，一緒に助けてあげる。学習スタイルという言葉，なかなか入りにくいところもあるけれど，うまく広がるといいですね。

新谷　中野さんのお話のなかでは，行動障害だけに焦点を当てるのではなくて，ご本人の生活に注目するといった言葉が多かったですよね。私はよく支援学校にコンサルテーションに行くんですが，コンサルして対応して行動障害がなくなったら，それでもうおしまいなんですよ。先生のニーズは行動障害がおさまることで，それ以降，支援センターは呼んでもらえなくなってしまう。行動障害がなくなるのがゴールではなくて，その方がこれからどうやって学習をしていくのかとか，そういう環境を作っていかなくてはいけないんだけども，それがなかなかね……。

中野　行動障害だけに着目していると，それが軽減したことで支援が止まってしまうことがよくあります。でもそこからがスタートで，その人の暮らしのためにうまく制度を活用することが大切なので，入所施設も１つの機能をもった地域の資源として考えることが必要だと思います。

日詰　制度ありきじゃなくて，その人の人生設計のなかでどこがいいかということですね。

時間をかけて，関係性を積み重ねる

日詰　それでは続いて，西田さん，お願いします。

西田　私の経験でも，アセスメントすらできないと言いますか，この方とコミュニケーションが成立する時が来るのかな，というくらいに感じた方もいらっしゃいました。事例に沿って話しますと，その方は重度の知的障害と自

閉症をおもちで，支援学校に在学時から強迫症状のような感じで，行動が停止して動けないことが何時間もあって，でもいったん動き出すと突発的に物を壊してしまったりガラスを割ってしまったりして，寄宿舎や自宅での支援が難しいということで，精神科の病院に入院を繰り返していました。こちらに来られたのは，学校を卒業した年の秋でしたが，秋までの6ヵ月間に2つの施設で受けられないと言われていました。

　うちの施設に来られたときも見通しがまったくもてていませんでした。ある時期は寝る場所が裏山になってしまって，そこでしか寝ないと言って部屋に戻れない。冬場にそんな状況でしたので，職員が夜中に電気毛布を買いに行って，延長コードでつないで何とか寒さをしのぐ，というようなこともやっていました。そんな状態でしたので，いわゆる身体拘束にあたる行動の制限も一時的に行い，それでも施設ではどうしてもうまくいかずに，以前の病院に一定期間入院して，こちらの環境の組み立て直しや支援の振り返りをさせてもらったこともありました。いま振り返ると，物を壊すとか同じ行動を繰り返すことで，何とか自分の居場所を探していたのかなと思います。

　次に何が起こるかをわかってもらおうということで，生活を目で見てわかるようにするところから始めていきました。食事がなかなかうまくいかなくて，8割ぐらい投げて捨ててしまうような状態だったんですが，食事が終わったら自分の好きな行動ができますよ，ということをスケジュールのなかで確認していくといったことに少しずつ取り組んで，徐々に交渉ができるようになっていきました。

　その方は今，以前から使っているスケジュールがずいぶん進化してきて，休憩の時間に何をして過ごすかや，活動が終わった後の強化子を自分で選ぶことができるようになっています。現在も行動特性としては残る部分があるんですけれども，「強い行動を示す人」という印象ではなくなってきています。そこまでくるのに，振り返ると15年くらいかかりました。こちらが無理をして促したり，本人に伝わりにくいような表現を用いることは厳禁としながら，かかわりを続けている状況ですね。ハード面を含めた環境整備でいえば，その方はビデオテープが好きなんですが，そういった好きな何かに頼っ

ていってもらうような仕組みづくりを進めてきたところもあります。

　そうした形で，今は比較的穏やかに生活されているんですけれども，今度は今の仕組みを引き継いでいくことが課題になってくると思います。以前，引き継いだつもりが，混乱が生じて，一日動けなくなってしまった，といったこともありました。つないでいくことを意識するのが大事かなと思います。

日詰　ありがとうございます。コミュニケーションをすごく丁寧にしながら，苦労しながら頑張ってこられたのですね。

西田　そうですね。朝日が昇るまで寝ないというこだわりがあった時期もあって。職場全体で何とか支えてきた感じです。

日詰　でも，「通じたな」と感じた瞬間は，職員はすごく嬉しかったでしょうね。この人とコミュニケーションができるんだろうか，というところから始まったわけですからね。それが，自分で選べるようになったり，時間はかかったけど何とかなった，というケースですね。

中野　知的障害や自閉症の方は，人との関係性が難しいのはみなさん感じていることだと思います。なかなか彼らのほうから歩み寄ってくれることはないので，こちらが歩み寄る姿勢をもたないといけない。共感できることが1つでも2つでもあると，お互い理解したという感覚をもてるんじゃないでしょうか。何かそういうことがきっかけとなって，職員と利用者が一緒に成長していくということなんだろうと思います。1つずつ小さなハードルを越えていきながら，できることが増えていくとか，今までできないと思っていたことが実はできるんだという関係性を，職員と一緒に積み重ねていくのが大事だということはよくわかります。

日詰　うちの職場でも「通じました！」とボロボロ泣きながら喜んでいる職員もいますね。そこが醍醐味ですよね。何年かに一度咲く花かもしれないですけど（笑）。

新谷　私の経験でも，行動障害のある方は，人に対しての不信感みたいなものを一律にもたれている印象があります。一緒に同じ部屋にいるだけで不安定になってしまうような方もいづみ寮では経験しましたし，中野さんが言われたように，一緒にいて何とかなった，といったこともあって，職員の成功

体験プラス本人の成功体験がよいスパイラルになれば，お互いが歩み寄っていける。私がコンサルテーションに行ったときによく話すのが，「あなたたちは子どもの達成感を一番に考えているでしょう。でも教員や支援者の達成感もないと積み上がっていきませんよ」といったことなんです。人に対して不信感をもっているような子ども，行動障害をもっている方々が，「この人と一緒にいてよかった」とか，「この人と何とかうまくやれた」といった経験を積み重ねていけたらいいと思いますし，より若い時代，行動障害をあわせもっていない時代にそういう体験をすることで，不信感なく誰かと一緒に安心して活動できる下地ができていったらいいなと思いました。

日詰 そうですね。さっき西田さんが紹介されたケースで，入院というエピソードもありましたけど，家族との間で信頼感を取り戻すためにはそういうクッションを置くのも必要かもしれないですよね。ずーっと一緒にいたらそれこそ不信感が強くなっちゃう。

新谷 親御さんにとっても本人と離れてタイムアウトできる時間というのは，とても大事だろうと思うんです。ただ，行動障害のある方が精神科の病院に長期入院してしまっているような現状もあるので，そういうふうにならなければいいなと思うんですけれども……。

日詰 国立病院機構などに入院しても，薬だけじゃなくて，看護師さんなど医療関係者がABAとかTEACCHを勉強して対応しようということが始まっているようなので，それはよかったなと思っています。

新谷 ただ，それはまだまだ一部なんですよ。病院というのは医療のアセスメントはできるけれども，生活のアセスメントはできないところが多いんですよね。ですから病院から出たらまた行動障害が生じてしまうという状況があります。私たちは支援センターの立場で，長期入院をされている行動障害のある方を移行先でアセスメントしたり，現場で枠組みを作ったりといった形でかかわっているんですが，そういう機能が病院のなかでもあったらいいなと思いますね。

日詰 なるほど，たしかにそうですね。

長期のデータから見えてくること

日詰 では次に，新谷さん，お願いします。

新谷 いづみ寮にいた頃，強度行動障害特別処遇事業として，12名の方の療育的なアプローチの分析をしたことがあるんです。私は16名の強度行動障害の方々を支援した経験があるのですが，そのうち12名の行動変容についてまとめて学会発表をしたので，その内容についてお伝えできたらと思います。12名のうち1名はダウン症，あとは全員自閉スペクトラム症の方で，最重度の知的障害をもっていました。弘済学園の飯田雅子先生の強度行動障害の判定基準表で，27点から48点の方を受け入れて，支援をしました。ほとんど全員が人に対しての不信感をもっているタイプの方でした。そのなかには7年間精神科病院に入院して，一日23時間半，6ヵ所固定されて，30分しか抑制を解除してもらえないといった方もいました。今では氷山モデルやストラテジーシートなどの支援ツールが支援者間である程度共有できていますが，当時は，物理的構造化といわれているものを使ったり，見通しを何とかもたせようということでスケジュールの工夫をしてみたり。あとは，「人的構造化」と私は勝手に言うんですが，人とのコミュニケーション面を中心としたかかわり，そのぐらいしか対応していなかったように思います。前施設からの申し送りしか情報がないなかでアセスメントをして，最初の一週間ぐらいは自由にさせてみる。そうすると物は壊れ放題ですが，そういうなかで，どこが強みかとか，どこが不安につながっているのかといったことをアセスメントする。そのうえで，生活の見通し，物理的構造化，人的構造化という3つのポイントを何とか押さえて，発達障害の特性に合わせて枠組みを作って対応していきましょう，という形でやっていました。そうすると，3年の有期限ではあるんですけれども，粗暴行為による指導困難，睡眠の乱れ，物壊し，他傷行為，著しい騒がしさの項目は，60%以上改善されていました。ただしこだわり行動と多動に関しては，改善率が低いんですよね。こだわりは37.9%しか改善できていないですし，多動も43.8%です。こだわり行動は特性そのものというか，なかなか療育では改善しにくい項目なのかなと思いま

す。最近，10年以上経った12名の方々の現在の状況を確認してみたところ，やはりこだわり行動は残ったままの状態で生活されていました。そのなかで高齢期を過ごしていくことになるので，支援者としてはこだわりにはとてもアプローチしたいところなのですが，そこはちょっと横に置いておいたほうが，職員の成功体験にもつながるのかなと思ったりもしています。

　それと，チックとかトゥレット障害をおもちの方は，改善しにくいんじゃないかと思いますが，中野さん，どうでしょうか？

中野　そうですね。チック症状は行動分析をしても，原因となるきっかけがわからないことがあります。そのような場合には，医療とつながりがあれば，さまざまな相談をするようにしています。しかし，本当に運動チックや音声チックという症状なのかを見極めることができるのか，そこは私たち専門家に問われているところかもしれないと思います。

新谷　私の印象としても，トゥレット障害などのケースは，改善率がすごく低かったことを感じています。行動障害の得点の変化を見ると，やはりMAが高い群のほうが改善率が高かったという結果で，入所時の年齢も若いタイプの人のほうが改善率がかなり高かったですね。行動障害得点でも，多い人では34点ぐらい得点が下がって日常生活を送れているケースもあるので，構造化療育など，あきらめないでトライしていく姿勢がとても大切だと思います。プラス，発達障害特性についての理解をしっかり進めていくことが大事だなとデータを見ながら感じました。

日詰　データ，ありがたいですね，とても。現場でなるほどなと思う話でした。それと，こだわりにこだわりすぎないということ。外国の事例を見聞きしていても，こだわりに合わせて住居を改造しようといった取り組みが多いんですが，こだわりをなくすことに，まさにこちらがこだわらなくてもいいんじゃないか，というか，そのほうがＱＯＬが上がるよ，といった話だと思いました。あとお話のなかで気になったのが，若い頃の入所のほうが改善率が高いということでしたけど，全国で入所を体験している人の年齢は20代も多いんですが，40代がけっこういるんですよ。だからもうちょっと早く福祉を頼ってもいいんじゃないのかなという感じはしますね。40代から入ってき

た人がどういう改善をしていくのかという事例がこれから出てくれば，もっといい話ができるかもしれないですが，福祉を早めに使ってみるというのは悪くないかもしれないですね。

新谷　そうだと思いますね。こじれる前にトライしていくというか……生活体験のなかでも誤学習を繰り返すことで行動障害が表面化してきているケースがとても多いので。

日詰　ショートステイなども早めに使うといいのかもしれないですけれど，最初中野さんが言われたような一貫性とか，西田さんが言われたコミュニケーション，大変なことをどうやって一緒に考えるか，とかね。そういうサポートがいるかもしれないですね。

中野　こだわり行動は自閉症の特性なので，そこの改善はなかなか難しいことかもしれません。でも，人に認められるこだわりに変えていくことはできるのではないかと思います。たとえば，水のこだわりというのがありますけど，水の何に対してこだわるのかを把握して，洗面所やお風呂掃除などの家事スキルに変えてあげる。そういうふうに正しい方法を伝えることによって，認められる活動にしていける可能性はあるのかもしれません。

西田　お話をうかがっていて，こだわりの話もそうだなと思いますが，先ほど日詰さんもおっしゃっていた若い頃から福祉を使うというのは，私もすごく思っているところです。いわゆる思春期の荒波みたいなところは家族で何とか支えきって，その後，たとえばご両親に病気が見つかってもう入所せざるをえない，というような状況で，入所を希望して来られることがあるんですね。むしろ入所施設の機能が必要なのは，思春期の荒れやすいというか，本人のなかで整理がしにくい時期で，そこで環境が一定に整った入所施設を使って，見立てであったり，かかわり方のルールみたいなものを設定したうえで，その先の地域での生活をイメージしていくほうがいいんじゃないかと考えています。40代，50代でそれなりに行動の課題がある状態で入所されて，そこから10年かけて行動の改善が図られていっても，もうそのときには50代半ばとか60代になっておられて，暮らしの選択肢を広げていくのは難しいところがあります。そういう意味でも，ご両親からきちんと情報をもらえる早

いうちに準備を進めていくことが望ましいんじゃないかと思っています。

支援者，家族へのメッセージ

日詰 それでは最後に，支援者やご家族に対して伝えたいこと，メッセージなどをいただけたらと思います。中野さん，いかがでしょうか。

中野 今，課題だと思っている点が2つあって，1つは強度行動障害の方々の居住支援の場所が少ないということです。星が丘寮には待機者が80人くらいいます。なかなかそうした人たちの支えになっていない状況があって，グループホームへの移行を模索してきました。この課題は何とか解決していかなければならないと思っています。

行動障害は一貫した支援が継続されることを前提として，その人に合った環境を整えることでさまざまなことにチャレンジできるようになるのだと思います。新たなチャレンジをすることによって，達成感や自尊心が育ち，その人らしい暮らしを営むことができるようになります。そういった可能性はどの人にもあることを支援者が信じることは大事にしたいところです。

もう1つの課題は，自閉症の方々の高齢化への対応です。加齢によって身体機能の低下と同時に疾病が増えてきます。当然，入院が必要な場合もあり，そうしたときに，どんなことが困難なのかを想定して，日常の支援を考えていく必要が出てきます。たとえば，体の調子が悪いことを訴えるのが難しいといったことがありますが，それを変えるには，小さいうちからコミュニケーションが楽しいとか便利だということをマインドとして獲得しておくことが重要になってきます。発語のあるなしに関係なく，表現することを認めていきながら，それが自分に返ってくるという経験をたくさん積むことが大切なのではないでしょうか。たくさんのよい経験を積むためにも，一人ひとりの学習スタイルに応じた個別の支援を展開していけるフィールドが広がればいいと思いますし，そうしたものが少しずつ広がっていることを実感しています。

日詰 いいメッセージをいただいたと思います。住居については家族もそうだし，制度の問題もあるかと思います。高齢化で体の病気が出てくるのは予

想がつくわけで，そこで意思決定の書類がないと病院も手術してくれないとか，入院させてくれないということがあるので，そのへんの準備は家族としては必要ですよね。あとは本人の余暇とかコミュニケーション，そういった状況がくるんだということをちゃんと知っておいてね，ということですね。それは高齢期の現場からしか言えないメッセージだと思います。

　続いて，西田さん，お願いします。

西田　中野さんがおっしゃったこととだいぶ被っているんですが，入院も含めた医療の問題が入所施設で大きな課題になっていまして，いつでも職員が付いて何とか入院をしているという方もいらっしゃいます。そこを考えていくなかで，お伝えしたいのは，両親はいつまでもはいないんだという，その自覚を早くにもっていただきたいということです。そのためにどういったことができるのか。今，強度行動障害の支援者養成研修が体系化されてきたところで，児童期の福祉や教育に携わる人がもっと入ってこられるような仕掛けがあれば，より進んでいくんじゃないかなと思います。こういった問題を家族任せにすることは，ある意味，当事者が解決していく視点の医学モデルのような考え方かなと思っています。家族という当事者の責を問うということは私たち福祉がすることではないだろうと思いますので，それを社会の問題として捉えて福祉の従事者がどのように家族の支援をし，どういった情報を提供していけるかを考えていく必要があると思っています。

　高齢期に向けての課題ということでいえば，身体状況の変化ですね。家族も年を重ねていかれるので，家族頼りの部分にどう福祉が介入して，解消していくかを考えているところです。行動障害の状態にある方のお母さん，70，80代の方もいらっしゃいます。その方に，そこはお母さんが何とかしてください，という話をせざるをえない状況をどうにかする，そうした政策などが必要だと思います。

日詰　ありがとうございます。私が知っている人で，若い頃，強度行動障害だった子どもが40代になってまた暴れ始めて，どうしたんだろうと思ってよく見ていたら，目が悪くなって，カードスケジュールが読めなくなっていた。そこでカードの文字を大きく印刷してあげたら落ち着いた，という話でした。

目が悪くなるといったことはわれわれと同じように実は起きている。忘れがちだけど、そういうことも気にかけてあげないといけないですね。それでは最後、新谷さん、お願いします。

新谷 2019年、私たちの支援センターと、当時、強度行動障害特別処遇事業を展開していたいづみ寮の主催で、県内の強度行動障害の実態調査を行ったんです。そしたら、40〜49歳の層に行動障害の方が一番多かったんですね。次いで支援学校卒業後に山があって、その次に40〜49歳の山があって、50代になるとストーンと人数が減るんです。体力も老化と同時に減退し、対応がしやすくなるというのもあるんだろうと思うんですけれども……。そういった状況下において課題として考えているのは、たとえば、支援学校で積み重ねてきた支援体制、とくに人的な環境のなかで、うまく対応されてきたんだけれども、その人的な環境がなくなると、行動問題が表面化してしまうのではないか。そういう意味では、人がかかわらなくても自立的に過ごせる支援方法、一般的に構造化と言っていいのかもしれませんけども、そうした環境を整えること、本人に合わせたアセスメントを行うこと、そして安心して過ごせる環境をそのまま施設に移行していくというような対応ができたらいいなと思っています。

　それともう一点は、精神科の病院からなかなか退院することができない行動障害のある方が一定数おられて、施設に移行したいんだけれども、施設側としては行動障害の人は受け入れられないという姿勢がまだ強いことです。そこには生活面のアセスメントをどういった形でしていくのかという課題があります。そこは、病院と福祉事業所の中間的な施設で生活アセスメントを行ったうえで事業所移行ができるとよいと思います。

　それから、西田さん、中野さんのお話と被っているんですが、強度行動障害のある方、もしくは重度の知的障害がある方って、自分でしんどいとか、痛いとか、そういったことが言えませんよね。だから人間ドックのようなものが必要なんですよ。旭川荘は、在宅で生活をしている重度障害者向けの人間ドックをやっているんです。家族から希望があったときには、早い時期から人間ドックで体のケアというか、状況を確認しておく仕組みが、もう少し

広がっていったらいいなと感じています。

　最後にもう一点，行動障害の予防に取り組まないといけないということがあります。行動障害になってから対応することも当然必要なんですけれども，早い時期から予防の観点での支援が大切です。その意味では強度行動障害支援者養成研修に，教育の方々にも積極的に参加していただく仕組みづくりが重要だと思います。あとは，支援の土台を早い時期から作っていく。成人期になって獲得するんではなくて，小さいときから支援のベースとなる，「わかる，安心できる」という土台を作っていくためには，幼児期からの対応が重要です。人に対しての不信感が生まれないようにする。小さいときから「人とうまくかかわりがもてた」とか，「先生と一緒に活動したらうまくやれた」とか，「相談したらうまくやれた」とか，そういう経験を積み重ねていく。「行動障害は人が作る障害」だといわれますから，人が予防していくという観点で，対応が必要だと思います。

日詰　ありがとうございます。「一人で過ごせる」ということはさっき中野さんも言われていましたが，余暇を過ごすことの練習とか，イメージをもって成長していく，暮らしていく，そういったことですね。

　それでは最後に，みなさんに一言ずついただければと思います。

新谷　先ほども言いましたが，発達障害の子どもとかかわっている方々には，小さいときからしっかり「わかる環境」をアセスメントして，それをもって成人期を迎えられるように支援をしてあげてほしいです。決してあきらめずに，発達障害の特性を加味した支援を展開していくと，時間はかかっても必ず本人の豊かな生活につながっていきますから。

　それから，チックや強迫性，衝動性の高さは，支援だけではなかなか改善しませんから，しっかりと医療と連携を取りながらやっていくことが重要です。当時，強度行動障害特別処遇事業の担当主治医であった，現まな星クリニック院長の中島洋子先生が強度行動障害のある人をたとえて「支援のレールから脱線して動かなくなった機関車」と言われ，「薬でその機関車をレールの上まで乗せることは医療で行います。だからその後は新谷さんがその機関車を動かしてくださいね」とエールを送ってくださったことを思い出しま

す。ぜひいろいろな機関と連携しながら進めていってほしいなと思います。

西田　私からは2つほど。新谷さんが「わかる環境を作って」とおっしゃいましたけども、ご本人の意思を確認する方法をそこに付け加える必要があるかなと思っています。表出をするためにはまず理解ができる必要がありますので、その両輪で支援を考えていけたらいいのかなと思います。

　それと、行動障害の状態にある方に対応している支援者のみなさんにとっては、チームで支援をしていく体制作りが大切だと感じています。そのなかではチームを牽引する人もいれば、ときには傾聴する人も必要になります。一番傷ついているのはご本人だと思いますが、傷ついてしまう職員もいますし、ご家族も傷ついてしまったり罪悪感を抱いたりということが起きていますので、そういったところのケアにも、しっかりと福祉のほうでかかわっていく必要があると思います。行動障害の状態になるのはご本人の責任ではないですけれども、周りがすべて悪いのかというとそうではない、というくらいの気持ちで、少し肩の力を抜いて、長期戦で取り組んでいくことが大切だと思っています。

中野　最後は私ですね。先ほど日詰さんから、視力の衰えた方の話があったじゃないですか。うちの法人の侑愛荘は高齢の知的障害の施設なんですけれども、70代で約8割、80代で100％が白内障になっているんです。白内障の割合が年齢とともに増えていくのは間違いないことですが、手術をすれば見えるようになるんです。ただ問題は、手術ができない人たちがいるということです。手術自体はできたとしても、予後の対応ができないのであきらめてしまうケースが挙がってきています。医療で治すための支援は絶対的に必要なので、専門性をもった人たちが支えていく仕組みを広げていかないとならないだろうと思います。

　どうしても行動改善をゴールにしがちですが、そうじゃなくて、その人らしい暮らしを支えることが本来の支援の目的だと思うんです。行動が少しでも改善されれば、そこからスタートというぐらいに思って、長くかかわっていくことが大事です。制度や枠組みに当てはめようとすると細切れになってしまうんだけれども、どこへ行っても同じ形で新しい情報を伝えるとか、そ

の人に合った学び方はこうだといったことを共有して，暮らしを支える一貫した支援を行うことが必要です。そうした支援のためには基本的な学び，いわゆる共通言語を幅広く知っておかないといけないので，強度行動障害の支援者養成研修はやはり大事なものです。難しいのは，そこで学んだことを実践できるかどうか。背中を押してくれる人が近くにいることも大事です。その部分は，発達障害者支援センターという位置づけで地域で担っていくのか，もう少し専門性の領域のなかで，地域にそういう人たちを育てていくのかは，わからないですけども，福祉だけじゃなくて教育や医療も一緒にかかわっていけるような仕組みになればいいなと思います。

日詰 ありがとうございました。みなさんいいまとめをしていただいたので，私からはあまり言うことはないんですけど，中野さんは，本人たちが一貫性をすごく頼りに生きているんだということ，それをちゃんとわかっていこうね，というお話。西田さんは，意思表出のこと，コミュニケーションは大変だけど，頑張って寄り添ってちゃんとやりとりをしていきましょう，というお話。職員もそれで喜ぶし，高齢化に向けたご本人の意思を聞かなきゃいけない場面も出てくるというお話でした。新谷さんからは，人への信頼感をやはり意識していかないといけない，そこがうまくいっていない人をたくさん見てこられた，それを予防するようなことをもっと早くからやっていかなくてはいけない，ということをお聞きできたかと思います。

　人生，生まれてきてよかったなと思うために，今日お話しいただいたような，われわれがご本人たちから預かっているメッセージを，若い世代に対応している親御さん，支援者の方にも届けられたらいいなと思います。

　本日は，ありがとうございました。

編者によるアフタートーク
あとがきに代えて

樋端　今回の企画は，自分のわがままで，みなさんを巻き込んでしまったみたいなところがあるんですけども，かつての自分が欲しかった本になったと感じています。そもそもこの領域で自分自身がどうしていいかわからなくて，突っ走ってきたわけなんですが，この企画を通して，いろんな歴史や取り組みがあることを学べて，大変なのは自分だけじゃないという希望をもてたのがよかったです。

日詰　私も面白かったです。いま，人に会うのがなかなか難しい状況ですけど，もし研修会や学会の会場で会ったら，ちょっと捕まえて話を聞いてみたいと思うような人の声がたくさん入っていて，現場にいるみたいな気分になれる本になったんじゃないかな。

吉川　教科書ではない，強度行動障害の本ができたという感じがしますね。各パートの座談会もあまり予定調和でなく，学会とかシンポジウムの会場のような雰囲気なので，これを読んですぐ答えが見つかるというよりは，考えるきっかけにしていただけるんじゃないかなと思います。

樋端　この本をきっかけに，あちこちで対話が広がってほしいです。この分野はニーズにリソースが追い付いてない，いわば災害状態がずっと続いていますけど，本人や現場の体験がなかなか伝わっていかないし，家族も支援者も，少人数で向かい合うと閉じて行き詰まってしまう。そのあたりが広く開かれて，信頼関係ができて，「脱！強度行動障害」に結びつくといいなと思います。

吉川　強度行動障害の周辺は，いま変革期というか過渡期というか，すごく動きが大きい時期ですよね。この時期に活動している人たちがどんなふうに感じていたのか，考えていたのかが記録に残るのは価値のあることだと思い

ますね。

日詰　「私をなぜ入れなかったんだ！」という人がもし出てきたら，続編を考えないとね（笑）。そのときはどんな人が参加することになるのか……。

樋端　さまざまな方法論や声はあるかもしれませんが，やっぱり人権尊重と対話というところは共通している気がします。

日詰　そうですね。同じ人たちのために頑張ろうとしてるわけだから，小さなことで喧嘩してる場合じゃないです（笑）。

吉川　この本で，それぞれの考え方や実践のルーツになっている体験を書かれている方が何人かいらっしゃいましたけど，体験したことと学んだこと，両方が大事な領域なんだとあらためて感じました。

日詰　ベースになる体験がないとモチベーションがなかなか続かないんじゃないですかね。

吉川　たしかに，揺り動かされた体験がない人には，かかわり続けることが難しい領域かもしれないですね。ただ，それだと支援に必要な人の数を確保することがなかなか難しいんですよね。

樋端　なんとかしてやろうというよりは，大変だけど，面白いと思って入ってくる人が増えるといいなと思いますね。365日24時間は無理だけど，このくらいだったら付き合えるとか，そういう人が増えていくといいのかなと。理想とする支援技法はあってもいいけど，絶対じゃないですものね。彼らをリスペクトしていかに関係性をもって泥臭く付き合っていくかということも大切。

日詰　当事者自身が表現できないことを，わかってあげることってすごく難しいですからね。わかったとしても，できないこともいっぱいあるし。みんなそれで悩んでる。

吉川　本のなかで，推測して早わかりしてしまうことの危険性を指摘している方もいらっしゃって，それはその通りだなと思います。本当にわかっていくための積み重ねがあちこちでなされるといいんでしょうね。

樋端　そうですよね。話をちょっと戻すと，この領域に巻き込まれてくる支援者って，どんな人たちなんでしょうね。私の場合は，自分のなかに彼らと

同じような部分があって，それと共鳴し合ってるのかなとも思います。彼らが自分のかわりに大暴れして，代弁してくれているように感じることもあります。それをうまく言葉にして伝えていけると，ひょっとしたら世の中，もっといい場所になるんじゃないかという思いがあって，それがモチベーションだったりします。

吉川　私の場合は，この領域にかかわり始めた最初のきっかけが，愛知県の自閉症協会のキャンプだったんです。医者になったばかりの頃に，病院の外で，子どもさんだけでなく親御さんや学校の先生方とも接した経験が，ずっと影響してるような気はします。

日詰　私もキャンプです，スタートは。樋端先生とも佐久のキャンプで初めて会ったんですよね。

樋端　そうでした。やっぱり最初の体験は大きいですよね。

日詰　教室や病院じゃないところで，ね。そういえば以前，長野でスペシャルオリンピックスの冬季大会があったときに，ボランティアの人たちが，知的障害で自閉症の参加者が雪原を走って飛び降りようとしてるのを止めにいくんだけど，ボランティアの人たちは知識をもってるわけじゃないから，必死で大声を出したり，みんなで押さえようとしたり（笑）。それで，あんまり大きい声を出したらよくないとか，そういうことをその場で学ぶんだけど，3日目くらいになったら，だいぶボランティアの人たちの対応が変わって，一生懸命ジェスチャーとか，ボードに書いたりするようになって。変わった，すごいと思いました。そういうのもいいですよね。

吉川　私が勤務している病院でも看護師さんたちが主導で，強度行動障害のある方の行動制限最小化を一生懸命やっていたんですが，それが実際に成果につながるのを目の当たりにしたときは，ずいぶん変わるもんだなと思いました。その経験は今につながっている気がします。

樋端　そういう意味では，いろいろ大変なことがあっても，成功体験になるまで伴走してくれる人の存在が重要ですね。そこまでいかないと嫌になっちゃいますからね。

日詰　この本みたいに，いろんな人の話を見たり聞いたりするのも役に立ち

ますよね。私のように面白かったというところからスタートの人もいれば，樋端先生みたいに怒りが原動力になってる人もいたりとか（笑），吉川先生みたいに仲間の姿がきっかけで，とか。同志を見つけられるような本かもしれない。

吉川　そうなってくれるといいですよね。医療や教育や福祉といった縦割りを超えて対話していかないと解決に近づかない支援領域でもありますし。

樋端　本当ですね。今後，この領域がどんなふうになっていくといいでしょうかね。当たり前に地域で暮らすとか，そういうふうにしていきたいですけど……。

日詰　いま気になっているのは，いろんな強度行動障害の研修会に出ていると，行動障害の激しい時期を通り抜けた人の話が少ないんです。いま大変な方もいるので，あまり安易には言えないですけど，大変なのが永遠に続くわけじゃない，時間はかかっても，本人と支える側の折り合いがつけば生活は少しずつ落ち着いていくんだという話が増えてほしいと思っています。

吉川　それはたしかにありますね。問題が大きい時期と，そのあと落ち着いてきた時期とで，暮らす場所が変わったり，支援者が変わっていたりするので，連続して見るという視点をもちにくい面もあると思います。

日詰　そうですね。親も，いつまでも子どもを強度行動障害って言われたくないですからね。名前もよくないのかもしれない。

樋端　強度行動障害っていう名称自体，ぼちぼち，違う言い方が出てきてほしいところですよね。

吉川　ただ，人とお金を集めるうえでは，インパクトのある表現が求められるのかなとか，いろいろ考えてしまうところはあります。

樋端　たしかに，テレビのドキュメンタリーでも大変なところばかり映していたり……。そういう意味では，映画『道草』はけっこうインパクトが大きかったと思いますが。

日詰　とある団体の方に聞いたのは，保護者の方々に「どんな名前がいい？」と聞くと，「モーレツ行動障害」っていうのが評判がいいらしいです（笑）。

樋端　OH，モーレツ（笑）。

日詰　いつの話ですか，って感じですけど，それでみんなで笑ってる。

樋端　海外では，強度行動障害というカテゴリーはないみたいですね。

日詰　自傷の激しい人とか，こだわりの強い人，という表現になっているようですね。私としては，強度行動障害というモーレツな名前がついたとしても，その大変な時期が永遠に続くわけじゃないし四六時中でもない，でもその大変なときにどうみんなで頑張るかという，オンとオフ両方のシナリオをうまく計画している事例を多くの人が見聞きできるようになるといいな……と感じています。本人も，ずっと管理されてるのは嫌だろうから。学会とかではなく各地の支援チームごとの発表会があってもいいかもしれない。

樋端　本人たちは興味がないかもしれないけどね。支援者や家族にも語れる仲間がいることが大事ですね。最近，親の会に若い人が入ってこなくて，組織が弱くなっているという話も聞きますが……。

吉川　親の会のあり方や支援者のかかわり方は世代とともにちょっとずつ変化してくるので，これからの時代に合ったかたちを探っていかないといけないでしょうね。

日詰　10年後，またみんなでモニタリングしましょう。

樋端　どんな景色になっているでしょうねえ……。

編者 ————

日詰正文（ひづめ・まさふみ）
国立重度知的障害者総合施設のぞみの園研究部長。言語聴覚士。厚生労働省障害保健福祉部発達障害対策専門官等を経て現職。著書に『発達障害の子どもをもつ親が行なう親支援—ペアレント・メンター入門講座』（編著，学苑社）などがある。

吉川 徹（よしかわ・とおる）
愛知県尾張福祉相談センター児童専門監。児童精神科医。愛知県立城山病院医員，名古屋大学医学部附属病院親と子どもの心療科助教，愛知県医療療育総合センター中央病院子どものこころ科部長等を経て現職。著書に『ゲーム・ネットの世界から離れられない子どもたち—子どもが社会から孤立しないために』（合同出版）などがある。

樋端佑樹（といばな・ゆうき）
信州大学医学部子どものこころの発達医学教室特任助教，かとうメンタルクリニック。子どもと大人の精神科医。初期臨床研修と後期研修を過ごした佐久総合病院で地域医療，リハビリテーションを学ぶ。そのころ発達障害に出会う。安曇総合病院（現・北アルプス医療センターあづみ病院）精神科で強度行動障害に巻き込まれ，信州大学医学部附属病院子どものこころ診療部ほかで児童精神と発達を学び現在に至る。

たいわ はじ だつ きょうど こうどうしょうがい
対話から始める　脱！強度行動障害

2022年5月15日　第1版第1刷発行
2024年5月15日　第1版第4刷発行

編　者──日詰正文　吉川　徹　樋端佑樹
発行所──株式会社　日本評論社
　　　　　〒170-8474　東京都豊島区南大塚3-12- 4
　　　　　電話 03-3987-8621（販売）-8598（編集）　振替 00100-3-16
印刷所──港北メディアサービス株式会社
製本所──井上製本所
装　幀──図工ファイブ

検印省略　© 2022 Hidume, M., Yoshikawa, T., Toibana, Y.
ISBN978-4-535-98501-8　Printed in Japan